お弁当教本

坂田阿希子

東京書籍

contents

- 1 おいしさの基本 　味、調理法、食感のバランスが大事　6
- 2 おいしさの基本 　前日に仕込むと気が楽　7
- 3 おいしさの基本 　作りおきのおかずが便利　8
- 4 おいしさの基本 　少し濃いめの味つけにする　9
- 5 おいしさの基本 　汁気を飛ばす、水気を絞る　9
- 6 おいしさの基本 　いたみにくい工夫をする　10
- 7 おいしさの基本 　野菜サラダを持っていくときは　11
- 8 おいしさの基本 　お弁当箱に詰めるときは　12
- 9 おいしさの基本 　お弁当作りにおすすめの道具　13
- 10 おいしさの基本 　お弁当箱以外の便利アイテム　13

- 11 鶏肉のレモンから揚げ弁当　14
  鶏肉のレモンから揚げ／コールスロー／ウスター卵／ご飯
- 12 鶏ささ身の青のりソース揚げ弁当　16
  鶏ささ身の青のりソース揚げ／甘い卵焼き／かぶのたらこあえ／俵おむすび＋黒ごま／しば漬け
- 13 きじ焼きそぼろ丼弁当　18
  きじ焼きそぼろ丼（鶏肉のきじ焼き、鶏そぼろ、卵そぼろ、スナップえんどう、ご飯）
- 14 焼き鳥重弁当　20
  焼き鳥重（ねぎま焼き、鶏塩焼き、うずら卵焼き、ししとう焼き、のりご飯）／紅芯大根のマリネ
- 15 チキン南蛮ご飯弁当　22
  チキン南蛮ご飯／せん切りレタス＆トマト
- 16 チキンカツ弁当　24
  チキンカツ＆ポテトフライ／生野菜のサラダ／ハムライス
- 17 チキンオムライス弁当　26
  チキンオムライス／さやいんげんのサラダ
- 18 タンドリーチキン弁当　28
  タンドリーチキン／ミニトマトのマリネ／ナッツレーズンご飯
- 19 豚肉のみそ漬け焼き弁当　30
  豚肉のみそ漬け焼き＆みょうがのみそ漬け／ピーマンなす炒め／大学いも／ご飯＋梅干し

20	**ポークベーコン巻き弁当** 32	30	**ひき肉なす炒め弁当** 52
	ポークベーコン巻き／マカロニサラダ／		ひき肉なす炒め／
	パセリご飯／フルーツポンチ		シャキシャキじゃがいもの梅しらすあえ／
			ちくわのきゅうり詰め／枝豆ご飯
21	**豚肉と根菜のみそ炒め弁当** 34	31	**ハンバーグ弁当** 54
	豚肉と根菜のみそ炒め／クレソン／		ハンバーグ／簡単ナポリタン＋生野菜／
	玄米ご飯＋ごま塩／好みの漬けもの／みかん		シンプルポテトサラダ／ご飯
22	**肉天弁当** 36	32	**スコッチエッグ弁当** 56
	肉天／野菜天／大根のレモンサラダ／菜めし		スコッチエッグ／キャロットラペ／
			インディアンピラフ／いちご
23	**ソースヒレカツ丼弁当** 38	33	**ドライカレー弁当** 58
	ソースヒレカツ丼／		ドライカレー＆ナッツご飯／
	きゅうりのしょうが漬け／姫りんご		スナップえんどう＆トマト
24	**ルーローハン弁当** 40	34	**ガパオライス弁当** 60
	ルーローハン／ゆで小松菜／ラーパーツァイ		ガパオライス／エスニックなます／バナナ
25	**牛しぐれ煮丼弁当** 42	35	**肉団子の甘酢あん弁当** 62
	牛しぐれ煮丼／レンジ蒸しかぼちゃ／ぶどう		肉団子の甘酢あん／きくらげと卵炒め／
			セロリとザーサイのサラダ／ご飯
26	**牛肉のくるくる弁当** 44	36	**シュウマイ弁当** 64
	牛肉のくるくる／しらすねぎ卵焼き／		シュウマイ＆蒸し白菜／
	ほうれん草のごまあえ／ご飯＋ゆかり		ピーラーにんじんの中華風サラダ／
			ねぎ卵チャーハン
27	**焼き肉おむすび弁当** 46	37	**ビビンバ弁当** 66
	焼き肉おむすび＋えごまの葉、サニーレタス／		ビビンバ（牛そぼろ、豆もやしのナムル、
	ミニトマトのナムル／ブロッコリーのナムル		春菊のナムル、にんじんのナムル、
			雑穀ご飯）／みかんのコンポート
28	**牛肉のスパイス焼き弁当** 48		
	牛肉のスパイス焼き／		
	ピーマンと紫玉ねぎのマリネ／		
	とうもろこしご飯／カットパイナップル		
29	**鶏つくねご飯弁当** 50	38	**鮭のり弁当** 68
	鶏つくねご飯／れんこんのきんぴら／		鮭のりご飯／ちくわの磯辺揚げ／
	キャベツのゆかり昆布あえ		ごぼうの塩きんぴら／春菊のごまあえ

39 **鮭の南蛮漬け弁当** 70
鮭の南蛮漬け／かぼちゃのごまマヨサラダ／
大根の梅酢あえ／ご飯＋白炒りごま

40 **オイルサーディンの蒲焼き弁当** 72
薬味たっぷりいわしの蒲焼き丼＆ゆで卵／
さつまいものレモン煮

41 **えび卵丼弁当** 74
えび卵丼／きのこのマリネ／
かまぼことセロリのサラダ／牛乳かん

42 **えびカツ弁当** 76
えびカツ＆スナップえんどうフライ／
卵サラダ／ロールパン

43 **フィッシュ＆チップス弁当** 78
フィッシュ＆チップス／
きゅうりのディルサラダ／好みのパン

44 **サラダ弁当** 80
豆のサラダ／
さやいんげんのマスタードヨーグルトサラダ／
紫キャベツのサラダ／
じゃがいものシンプルサラダ／
サニーレタス＆トマト／
カットグレープフルーツ／好みのパン

45 **和風カポナータ弁当** 82
和風カポナータ／きゅうりのごま酢あえ／
塩むすび

46 **ニース風サラダ弁当** 84
ニース風サラダ／オレンジ＆キウイ

47 **焼きビーフン弁当** 86
焼きビーフン／ゆで鶏ときゅうりのサラダ／
キウイのせ牛乳かん

48 **牛肉ピーマン炒めの焼きそば弁当** 88
牛肉ピーマン炒めの焼きそば／
ゆでブロッコリー／大根の中国風ピクルス

49 **バンバンジー麺弁当** 90
バンバンジー麺／トマトの黒酢あえ

50 **ジャージャー麺弁当** 92
ジャージャー麺／りんご

51 **和風きのこパスタ弁当** 94
和風きのこパスタ／れんこんのレモンサラダ

52 **トマトソースペンネ弁当** 96
トマトソースペンネ／
じゃがいもと玉ねぎのスペイン風オムレツ／
りんごとかぶのサラダ

53 **ホットドッグ弁当** 98
ザワークラウトホットドッグ／
かぼちゃのポタージュ

54 **ベジサンド弁当** 100
にんじんサンドイッチ／
きゅうりサンドイッチ／
きゅうりのピクルス／
じゃがいものポタージュ

55 **ミートパイ弁当** 102
ミートパイ／
ほうれん草とカリカリベーコンのサラダ

56	甘味	みかんのコンポート	104
57	甘味	フルーツポンチ	105
58	甘味	牛乳かん	106
59	甘味	大学いも	107

60 　行楽　**おむすび弁当**　108
おむすび（塩むすび、漬けものむすび、
梅のりむすび）／鶏のから揚げ／
ねぎ入り厚焼き卵／菜の花のだしオイルあえ

61 　行楽　**いなりずし弁当**　110
いなりずし／甘酢しょうが／
ししゃもの香り揚げ＆ブロッコリー揚げ／
せりとかまぼこのだしじょうゆあえ／
2色のぶどう（巨峰、マスカット）

62 　行楽　**太巻きずし弁当**　112
太巻きずし／根菜の和風ピクルス／柿

63 　行楽　**中華ちまき弁当**　114
中華ちまき／卵の紹興酒しょうゆ漬け／
えび春巻き／きゅうりの中華風マリネ

64 　行楽　**タコス弁当**　116
タコス（チリコンカルネ、トルティーヤ、
サルサソース、ワカモーレ、
サワークリーム＆チーズ、
レタスのせん切り、香菜＆カットライム）

65 　行楽　**カツサンド＆フルーツサンド弁当**　118
カツサンド／フルーツサンド／
ミックスピクルス

66 　行楽　**ロールパンサンド弁当**　120
卵サラダサンド／カレー風味ツナサンド／
ハムカツサンド／カマンベール＆りんごサンド

INDEX　122
作りおきINDEX　126

＊計量単位は、1カップ＝200mℓ、大さじ1＝15mℓ、小さじ1＝5mℓ、1合＝180mℓです。
＊ガスコンロの火加減は、特にことわりのない場合は中火です。
＊オーブンの温度、オーブンやオーブントースターの焼き時間は目安です。機種によって違いがあるので加減してください。
＊電子レシピの加熱時間は600Wを基準にしています。様子を見ながら加減してください。

おいしさの基本

味、調理法、食感のバランスが大事

お弁当は、いってみれば献立。味と食感のバランスがおいしさの要です。
こってり味とあっさり味、甘辛味と甘酢味、サクサク食感としっとり食感、
シャキシャキ食感とやわらかい食感……など変化をつけるのがポイントです。
また、焼く、炒める、あえるなど調理法の違う料理を組み合わせるのも大事。
ちゃんとお腹もいっぱいになるように、家での食事と同じ量を詰めます。
ここでは ひき肉なす炒め弁当(p.52)を例にとります。

ちくわのきゅうり詰め
冷蔵庫にあるちくわときゅうりの取り合わせ。火を使わないのであっさり味。

シャキシャキじゃがいもの梅しらすあえ
湯通ししたじゃがいもと梅肉を組み合わせた、少し酸っぱい味のあえもの。食感はシャキシャキ。

ひき肉なす炒め
ひき肉を使った主菜。みそとしょうゆを使った、こってり味の炒めもの。食感はやわらかめ。

枝豆ご飯
ご飯にゆでた枝豆を混ぜ、ほんのり塩味に仕上げた混ぜご飯。枝豆の食感がアクセント。ご飯の白は、おかずの色を引き立てる。

おいしさの基本

② 前日に仕込むと気が楽

忙しい朝にすべての料理を一から作るのは無理。でも、
なるべくその日に作ったものをお弁当に持っていきたいものです。
そのためにおすすめしたいのが、前日のちょっと仕込み。
「前日にできるものはやっておく」ではなく、
「当日の朝にできないことをやっておく」こと。
朝食や夕食にも使えるように、作りやすい分量で仕込みます。

肉は下味をつけておく

肉はあらかじめ下味をつけておくと、焼いたり揚げたりといった調理をしてもかたくならず、おいしいまま。ソースなしでも食べられる。

p.14
鶏肉のレモンから揚げ
（鶏肉のレモンから揚げ弁当）

ひき肉ダネは作っておく

鶏つくね、肉団子、ハンバーグ、スコッチエッグなどのひき肉料理は、ひき肉ダネを混ぜてバットに入れて冷蔵庫へ。整形は当日の朝。

p.50
鶏つくね
（鶏つくねご飯弁当）

フライ衣をつけておく

揚げものの衣は小麦粉、溶き卵、パン粉。前日につけて冷蔵庫に入れておけば朝は揚げるだけだし、洗いもの最小限。これなら揚げものも気が楽。

p.24
チキンカツ、ポテトフライ
（チキンカツ弁当）

料理に使うソースは作っておく

トマトソースやホワイトソースなど基本のソースは手作りがおいしい。お弁当に限らず、多めに作ってストックしておくといい。

p.96
トマトソース
（トマトソースペンネ弁当）

野菜はゆでてドレッシングは作っておく

忙しい朝の時間は、野菜をゆでるという作業だけでも面倒になりがち。ゆで野菜のサラダを献立に入れたいときは、前日に仕込んでおくと便利。

p.26
さやいんげんのサラダ
（チキンオムライス弁当）

濃縮ポタージュを作っておく

お弁当にスープを持っていきたいときは、濃縮ポタージュがおすすめ。濃縮のまま持っていき、食べるときに湯や牛乳を加えて混ぜればでき上がり。

p.100
じゃがいものポタージュ
（ベジサンド弁当）

おいしさの基本 **3**

作りおきのおかずが便利

そもそも毎日の献立は、作りたておかずと作りおきおかずの組み合わせです。
お弁当も同様。朝仕上げるおかずだけでなく、
朝詰めるだけの作りおきのおかずがあると、バランスのよいお弁当になります。
特に不足しがちな野菜料理があると大助かり。浅漬けやマリネ、つくだ煮などは
すき間おかずにも使えます。また、この本ではお弁当向きの甘味も
ちょこっと紹介していますが、いずれも作りおきのできるものにしています。

そぼろ

鶏ひき肉や牛ひき肉のそぼろ、鮭のそぼろ、卵のそぼろなどを作りおきしておくと、ご飯の上にのせるだけでお弁当になる。味は少し濃いめがおすすめ。

p.18
鶏そぼろ、卵そぼろ
（きじ焼きそぼろ丼弁当）

きんぴら

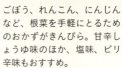

ごぼう、れんこん、にんじんなど、根菜を手軽にとるためのおかずがきんぴら。甘辛しょうゆ味のほか、塩味、ピリ辛味もおすすめ。

p.68
ごぼうの塩きんぴら
（鮭のり弁当）

浅漬け

浅漬けやピクルスは、野菜を手軽にとるためのお助けアイテム。作っておけば、彩りおかず、すき間おかずにもなる。

p.38
きゅうりのしょうが漬け
（ソースヒレカツ丼弁当）

ドライカレー

ご飯にのせるだけでなく、ご飯と炒めればカレーピラフ、パンにはさめばカレーパン、ショートパスタとあえればカレーパスタ……と、アイディア次第。

p.58
ドライカレー
（ドライカレー弁当）

ナムル

ナムルはごま油の風味が食欲をそそる、韓国風あえもの。ブロッコリーやほうれん草などのゆで野菜のほか、ミニトマトなどの生野菜で作っても。

p.46
ブロッコリーのナムル、
ミニトマトのナムル
（焼き肉おむすび弁当）

果物のコンポート

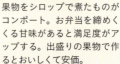

果物をシロップで煮たものがコンポート。お弁当を締めくくる甘味があると満足度がアップする。出盛りの果物で作るとおいしくて安価。

p.66
みかんのコンポート
（ビビンバ弁当）

4 少し濃いめの味つけにする

おいしさの基本

料理は冷めると味が薄く感じられるので、お弁当に詰めるおかずは
いつもより少し濃いめの味つけにするのがおすすめです。
塩、しょうゆ、みそなどの調味料を少し多めに使うほか、
赤唐辛子やカレー粉などのスパイスを利かせるのも OK。
煮つめて味をしみこませる、ソースやたれなどをちゃんとからめる、
下味をしっかりとつけておくなどの調理の工夫も大切です。

ソースやたれはちゃんとからめる

照り焼き、蒲焼き、肉団子、トマトソースペンネ、マカロニサラダなど、味が薄いと物足りなく感じる料理は、ソースやたれを少し濃いめにするか、汁気がなくなるまでしっかりとからめて濃い味に仕上げること。味がしっかりとつくことで、おいしく食べられる。また、いたみにくくもなる。

下味をしっかりとつけておく

鶏のから揚げ、豚肉のしょうが焼き、タンドリーチキンの下味はもちろん、チキンカツやえびカツなどの揚げものも塩、こしょうをしっかりめにつけておくのがポイント。また、ポテトサラダのじゃがいも、マカロニサラダのマカロニなども、ドレッシングをしっかりとなじませるかどうかが、おいしさの鍵。

p.62 肉団子の甘酢あん
（肉団子の甘酢あん弁当）

p.36 肉天
（肉天弁当）

5 汁気を飛ばす、水気を絞る

おいしさの基本

せっかくおいしく作ったおかずも、時間がたって水気が出るとおいしさも半減。
さらに水気がほかのおかずに移って、見た目にもよくありません。
そんな失敗を防ぐコツは、汁気のあるおかずをそのまま詰めないこと。
煮ものは汁気がなくなるまで煮つめ、ゆで野菜はペーパータオルで水気を拭き、
マリネなどは汁気をよく絞ってからお弁当箱に入れるようにします。
ドレッシングやソースは別容器に入れるのも、おいしさのうち。

汁気を飛ばす

煮もの、炒め煮などは汁気がなくなるまで煮つめたり、素材に汁をからめたりして、できるだけ汁気をなくす。また、水溶き片栗粉でとろみをつける手もあり。汁気のあるものを持っていきたいときは単独の容器を用意。

水気を絞る

あえものやゆで野菜はペーパータオルにのせて水気を拭き、マリネや浅漬けなどは汁気を絞ってからお弁当箱に詰める。また、おかずケースに入れたり、葉野菜を下に敷いたり、あえてご飯の上にのせたり……といったひと工夫を。

p.42 牛しぐれ煮
（牛しぐれ煮丼弁当）

p.20 紅芯大根のマリネ
（焼き鳥重弁当）

おいしさの基本 6

いたみにくい工夫をする

作った料理をすぐに食べないお弁当は、いたみにくい工夫をすることが大事。
そのための最大のポイントは、冷ましてから詰めること。
ご飯もおかずも冷めてから詰めるのが基本ですが、もし時間がないときは、
ご飯を詰めてそのままおいて冷まし、そのあと粗熱が取れたおかずを入れ、
完全に冷めるまでふたをしないでおくこと。
防腐・殺菌効果のある梅干しやしょうがを入れてもよいでしょう。

おかずは冷めるまでおく

揚げものは網の上などにのせて油をきると同時に冷ます。煮ものや炒めものはバットに移して冷まし、ゆでものや蒸しものはザルに広げて冷ます。また、温かいおかずと冷たいおかずを一緒に詰めるといたみやすくなるので注意。

ご飯はおひつに移して冷ます

ご飯は炊き上がったらいったんおひつに移し、余分な水分を蒸発させて冷ます。チャーハンやピラフなどの炒めご飯、パスタなどの麺類は、うちわなどであおいで冷ます。また、ご飯を酢めしにするのもおすすめ。酢には殺菌効果がある。

お弁当に梅干しやしょうがを入れる

梅干しには防腐・殺菌効果があるので、ご飯の上にのせたり、おむすびの具にしたりするのは理にかなっている話。梅肉をご飯に混ぜておむすびにしてもおいしい。また、しょうがも殺菌力にすぐれているので、甘酢漬けもおすすめ。

仕切りや料理に笹の葉を使う

笹の葉には殺菌作用があるので、お弁当にはもってこい。お弁当箱の下に敷いたり、仕切りに使ったりすると、見た目の美しさやメリハリが出るだけでなく、いたまない工夫にもなる。笹ずし、中華ちまきなど、ご飯を笹で巻いた料理もお弁当向き。

おいしさの基本 7

野菜サラダを持っていくときは

水気のある生野菜はサラダ向き、サラダはお弁当には不向き……と思われがちですが、おいしいサラダをお弁当でも食べたい、それが坂田流お弁当の考え方。特に、洋食のお弁当には彩り、味、食感ともに野菜サラダが欠かせません。ここでは、時間がたってもおいしいサラダ作りのコツを紹介します。

生野菜は水きりが肝心

サラダ作りの中で最もおいしさを左右するのが、葉野菜、きゅうり、セロリなど生で食べる野菜の水きり。まずは生野菜を冷水に放してシャキッとさせ、サラダスピナー（水きり器）に入れてしっかりと水きり。ザルに上げて水気をきるだけでは不十分。

ゆで野菜は前日にゆでておく

ブロッコリー、アスパラガス、スナップえんどう、絹さやなど、ゆでて食べる野菜は、前日にゆでてザルに上げて十分に水気をきっておくといい。ゆでるときは塩少々を加えると色が鮮やかになってきれい。当日の朝ゆでると冷ましたり水気を拭く時間が必要。

生野菜とドレッシングは別々に持っていく

普段のサラダ作りにも言えることだが、生野菜は食べる直前にドレッシングをかけるのが鉄則。なぜかというと、ドレッシングをかけて時間が経つと水っぽくなってしまい、さらにドレッシングが必要になるから。そこでお弁当には、野菜サラダとドレッシングを別々の容器に入れて持っていくことが望ましい。また、あえものにするときは、前日に作りおきはせず、当日の朝にざっとあえる。

作りおきをするならマリネや浅漬けを

マリネや浅漬けは、野菜の水分を出して、そこへ調味料を加えて味を含ませる料理。さっぱり味、薄塩味に仕上げれば、サラダ感覚で食べられるのが魅力。前もって野菜サラダを作っておきたいなら、マリネや浅漬け、ピクルスを。ただし、お弁当に詰めるときは、水気を絞ってから。

おいしさの基本 ⑧

お弁当箱に詰めるときは

詰める順番に決まりはありませんが、目の前のおかずを何も考えないで
ただ詰めていくのでは美しくないし、隣にくるおかずと混ざってしまいがち。
隣のおかずに味や香りが多少混ざっても大丈夫かどうかを考慮に入れて、
きれいに、おいしそうに見える詰め方をしましょう。詰める順番は、
肉や魚介など形をくずしたくないおかずが先、形を動かせるおかずや
小さいおかずはあと。ここでは 鶏肉のレモンから揚げ弁当(p.14)を例にとります。

主食	形をくずしたくないおかず	形を動かせるおかず	ご飯の上にのせるもの
ご飯を詰める	鶏肉のレモンから揚げを詰める	コールスローを詰める	ウスター卵を詰める

お弁当箱の半分くらいまで詰める。ギュウギュウ押しつけてしまうと、食べる頃にかたくなってしまうので、ご飯をつぶさないよう、ほどほどに。

サラダ菜を左上に敷き、鶏肉のレモンから揚げを詰める。サラダ菜はから揚げの油を吸う役割でもあり、から揚げをおいしそうに見せる彩りでもある。

鶏肉のから揚げをサラダ菜の方に少し寄せ、空いたスペースにおかずケースを入れてコールスローを詰める。コールスローですき間を埋めるような気持ちで。

ご飯の上にのせるものは最後。ここではウスター卵を半分に切ってのせる。ふりかけ、ごま、漬けものなど、そのときどきに応じて工夫するとよい。

お弁当箱のすき間には、緑野菜や果物を

人工的に作った笹の葉や仕切り、強い色のおかずケースは料理や素材の色をさえぎることになるので、極力使わないようにします。また、すき間おかずはミニトマトというのもワンパターン。そこで用意したいのが緑色のゆで野菜や葉野菜。ゆでブロッコリーやゆでスナップえんどうは、組み合わせるおかずを選びません。葉野菜は彩りだけでなく、おかずの下に敷いたり仕切り代わりに使うことができます。また、ミニトマトの代わりにマスカットやいちごなど小粒の果物を入れると、それだけでぐっと華やかになります。

9 お弁当作りにおすすめの道具

おいしさの基本

もちろんいつも使っている道具でかまわないのですが、
お弁当用に1〜2人分のおかずを作るときは、
道具も小さいサイズの方が効率がよく、洗いものも片付けも楽です。
また、おかずを冷ますためのバット、小さめの保存容器も必須。

煮る、ゆでるなどの調理に使う深めの鍋は、直径15〜18cmのものがあれば十分。鍋が小さいと湯がすぐに沸くので時短にもなる。焼く、炒めるなどの調理に使うフライパンも、直径15〜18cmのものがあると便利。また、トングがひとつあると便利。肉を返したり、取り出すときに使う。

鍋やフライパン同様、まな板や包丁も小さめサイズがおすすめ。小さいと場所をとらないから、朝食を作りながらその横で使える。ドレッシングやたれを作るボウルや泡立て器も小さめのものでOK。また、先が細くなっている盛りつけ箸があると、小さいおかずもお弁当箱にきちんと詰めることができる。

バットは下ごしらえに使うほか、仕込んだおかずを入れておくのに便利。保存容器は作りおきのおかず、常備菜などを入れておくのに使う。何が入っているかすぐにわかるように、中が見える透明なものを。冷蔵庫の中が散らからないよう、同じデザインのものを2サイズ揃えるとよい。

10 お弁当箱以外の便利アイテム

おいしさの基本

お弁当はお弁当箱に詰めるのが常識ですが、
料理によってはふたがしっかり締まる保存容器を使ったり、
竹籠や紙箱を使っておいしさ感を盛り上げることも大事です。
自然素材のもの、シンプルなものが、料理が映えておいしそうに見えます。

汁気のあるものはふたつきの保存容器をお弁当箱として使ったり、汁気のないものは紙容器に詰めたり。また、行楽弁当は風通しのよい竹籠や軽くて使い捨てできる紙箱を重箱感覚で利用するのもおすすめ。

お弁当箱の中を仕切ったり、おむすびを包んだり……そんなときに使いたいのが笹や葉らん、竹の皮、経木などの天然素材。自然のものを使うだけでいつものお弁当が上等に見える。もみじ、山椒の葉などを添えるだけでも風情が出る。

サンドイッチやパンのお弁当のときに重宝するのがワックスペーパー。袋状のものはパンやサンドイッチを入れるのに最適、ロール状になっているものは必要な大きさに切ってサンドイッチを包んだり、お弁当箱の仕切りにも活用。

おかずケース、ミニカップ、ソース入れ、しょうゆ入れなどは、ベージュなどの淡い色、もしくは透明か乳白色のものを。いずれも料理のじゃまをしないものを選ぶ。行楽弁当に持って行くピック、スプーン、ナイフなどは、外で食べることをイメージして、ちょっとカラフルなものが楽しい。

鶏肉のレモンから揚げ弁当

いつものから揚げをちょっぴりアレンジした、レモン風味のから揚げが主役。
下味に牛乳、レモンの搾り汁、パプリカパウダーを入れるのがポイントです。
コールスロー、ウスターソース味のうずら卵を添えて、洋食弁当に。

 →  →  →

鶏肉のレモンから揚げ

材料／1人分

鶏もも肉　1/2枚
塩、こしょう　各少々

下味

　牛乳　1/4カップ
　レモンの搾り汁　大さじ1
　にんにくのすりおろし
　　小1かけ分
　パプリカパウダー　小さじ1/4
　黒こしょう　少々
　塩　小さじ1/3
溶き卵　1/2個分
レモンの皮のすりおろし　1/2個分
小麦粉　適量
揚げ油　適量
サラダ菜、カットレモン　各適量

1　鶏肉は食べやすい大きさに切り、塩、こしょうをふる。
2　下味の牛乳にレモンの搾り汁を加えて10分ほどおく。
3　バットなどに**2**と残りの下味の材料を入れ、**1**を加えてよくもみこむ。☞前日に仕込む
4　**3**の汁気をきり、溶き卵にくぐらせ、レモンの皮のすりおろしを加えた小麦粉を全体にまぶす。180℃の揚げ油で揚げ、最後に強火にしてカラリと仕上げる。サラダ菜とレモンを添える。

コールスロー

材料／作りやすい分量

キャベツ　1/2個
にんじん　1/2本
玉ねぎ　1/3個
酢　大さじ2
オリーブオイル　大さじ2
砂糖　小さじ2
塩　小さじ1
こしょう　少々

1　キャベツ、にんじんはせん切りにする。玉ねぎは薄切りにする。ボウルに入れ、塩小さじ1/2（分量外）を加えてしばらくおき、よくもみこんでから汁気をきる。
2　酢、オリーブオイル、砂糖、塩、こしょうを加えて手でよくあえ、そのまま1時間ほどおいて味をなじませる。☞前日に作りおき
3　汁気をきってお弁当箱に詰める。

ウスター卵

材料／作りやすい分量

うずら卵　10個

漬け汁

　ウスターソース　大さじ2
　しょうゆ　大さじ2
　酒　小さじ2
　酢　小さじ2

1　うずら卵は5分ほどゆでて水にとり、殻をむく。
2　漬け汁の材料を混ぜ合わせ、**1**を加え、一晩漬けて味をなじませる。☞前日に作りおき
3　半分に切ってお弁当箱に詰める。

MENU 👉
鶏肉のレモンから揚げ
コールスロー
ウスター卵
ご飯

鶏ささ身の青のりソース揚げ弁当

下ごしらえのいらない鶏ささ身は、お弁当のおかず向き。
ここでは、ウスターソースとしょうゆ、カレー粉で下味をつけ、
青のり衣をまぶしてフライにします。砂糖入りの甘い卵焼きがよく合います。

 →  →  → →

鶏ささ身の青のりソース揚げ

材料／1人分
鶏ささ身　2本
塩、こしょう　各少々
下味
　ウスターソース　小さじ1
　しょうゆ　小さじ1
　カレー粉　小さじ1/3
小麦粉、溶き卵　各適量
パン粉　1/2カップ
青のり　大さじ1/2
揚げ油　適量

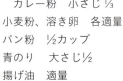

1　鶏肉は繊維に沿って2～3等分のそぎ切りにし、塩、こしょうをふる。
2　下味の材料を混ぜ合わせ、1を加えてもみこみ、15分ほどおく。
3　パン粉は保存袋などに入れ、めん棒などでたたいて細かくし、青のりを加えて混ぜる。
4　小麦粉、溶き卵、3のパン粉の順に衣をつける。
☞前日に仕込む
5　4を170℃の揚げ油できつね色になるまで揚げる。

俵おむすび＋黒ごま

材料／1人分
ご飯　茶碗小2杯分
塩　少々
黒炒りごま　少々

1　ご飯は手塩をつけて俵形にむすび、ごまをふる。

甘い卵焼き

材料／作りやすい分量
卵　1個
酒　小さじ1
砂糖　小さじ2
塩　少々
サラダ油　適量

1　卵を割りほぐし、酒、砂糖、塩を加えて混ぜる。
2　卵焼き器にサラダ油をなじませ、1を流し入れて大きく混ぜ、半熟程度に火が通ったら一つにまとめて完全に火を通し、形を整える。
3　食べやすい大きさに切り分ける。

かぶのたらこあえ

材料／作りやすい分量
かぶ　2～3個
かぶの葉　適量
たらこ　1/2腹
レモンの搾り汁　小さじ1
オリーブオイル　小さじ1
しょうゆ　少々

1　かぶは皮をむいて薄切りにし、かぶの葉は小口切りにする。塩少々（分量外）でもんで水気をしっかりと絞る。
2　たらこは薄皮を除き、レモンの搾り汁、オリーブオイル、しょうゆを加えて混ぜる。
3　2に1を加えてあえる。☞前日に作りおき
4　汁気を絞ってお弁当箱に詰める。

MENU 👉
鶏ささ身の青のりソース揚げ
甘い卵焼き
かぶのたらこあえ
俵おむすび＋黒ごま
しば漬け

きじ焼きそぼろ丼弁当

きじ焼き丼とそぼろ丼のどちらも食べたい、そんなときの欲張り弁当。
鶏そぼろと卵そぼろを前日に作っておけば、朝はきじ焼きを作るだけ。
スナップえんどう、絹さやなどの青みを添えると、おいしさ感がアップします。

材料／1人分
鶏肉のきじ焼き
- 鶏もも肉 ½枚
- サラダ油 少々
- 酒、みりん、しょうゆ、砂糖 各大さじ1
- 水 大さじ1

鶏そぼろ
- 鶏ひき肉 100g
- だし汁 ½カップ
- 塩 小さじ¼
- しょうゆ 小さじ1
- みりん 小さじ1
- 砂糖 小さじ1

卵そぼろ
- 卵 2個
- 砂糖 小さじ1
- 塩 少々

- スナップえんどう 適量
- ご飯 適量
- 粉山椒 少々

1　鶏そぼろを作る。鍋にだし汁とひき肉を入れてほぐし、火にかけて煮立て、アクを取る。塩、しょうゆ、みりん、砂糖を加え、水分がなくなるまで煮詰めてそぼろ状にする。☞前日に作りおき

2　卵そぼろを作る。ボウルに卵を割りほぐし、砂糖、塩を加えてよく混ぜる。

3　2を鍋に入れ、菜箸数本で混ぜながらゆっくりと火を通し、そぼろ状にする。☞前日に作りおき

4　スナップえんどうは筋を取り、塩少々(分量外)を加えた熱湯でゆでる。☞前日に作りおき

5　鶏肉のきじ焼きを作る。鶏肉は皮目にフォークで穴をところどころあける。フライパンにサラダ油を熱し、鶏肉を皮目を下にして入れ、焼き色がついたら裏返し、両面焼いて中まで火を通す。

6　フライパンの脂を拭き、酒、みりん、しょうゆ、砂糖、水を加え、照りが出るまでからめる。

7　お弁当箱にご飯を詰め、卵そぼろ、鶏そぼろをのせ、鶏肉のきじ焼きをそぎ切りにしてのせ、スナップえんどうを斜め切りにして添える。鶏肉の上に粉山椒をふる。

MENU ☞
きじ焼きそぼろ丼
鶏肉のきじ焼き
鶏そぼろ
卵そぼろ
スナップえんどう
ご飯

焼き鳥重弁当

ねぎま、ししとう、うずら卵はたれ、鶏肉は塩。香ばしく焼いた4本の串をのりご飯の上にのせた、ちょっとワクワクするお弁当。串ごとのせたいから、細長のお弁当箱を使います。空いたスペースにはマリネや漬けものを。

 →  →  →  →

焼き鳥重

材料/1人分
鶏もも肉　½枚
長ねぎ　4cm
ししとう　4～5本
うずら卵（ゆでたもの）　4個
サラダ油　少々
塩　適量
酒　大さじ1
たれ
　しょうゆ、みりん　各大さじ1
　砂糖　小さじ½
ご飯　適量
焼きのり　適量

紅芯大根のマリネ

材料/作りやすい分量
紅芯大根　1個
塩　小さじ½
赤ワインビネガー　大さじ2
オリーブオイル　大さじ2

1　紅芯大根は薄切りにし、塩をふってしんなりさせ、水気を絞る。
2　赤ワインビネガーとオリーブオイルを混ぜ合わせ、1を加えてあえ、一晩おく。☞前日に作りおき

1　鶏肉は小さめの一口大に切り、長ねぎは2cm長さに切る。鶏肉と長ねぎを交互に刺した串、鶏肉だけを刺した串を1本ずつ作る。☞前日に仕込む
2　ししとうはところどころに竹串で穴をあけ、串に刺す。うずら卵も串に刺す。☞前日に仕込む
3　フライパンにサラダ油を熱し、1のねぎま串を入れ、鶏肉だけの串には塩をふって入れ、焼き色がつくまで両面焼く。途中で、ししとう串とうずら卵串を入れて両面焼き、この2本はいったん取り出す。
4　3のフライパンに酒を加えてふたをし、鶏肉の中まで火を通し、取り出す。
5　4のフライパンにたれの材料を入れて煮立て、軽くとろみがついたらねぎま串、ししとう串、うずら卵串を戻し入れてからめる。
6　お弁当箱にご飯を詰め、5のたれをたらしてのりをちぎってのせる。5、4で取り出した塩焼きをのせる。好みで粉山椒、黒こしょう（各分量外）をふる。

MENU ☞
焼き鳥重
　ねぎま焼き
　鶏塩焼き
　うずら卵焼き
　ししとう焼き
　のりご飯
紅芯大根のマリネ

チキン南蛮ご飯弁当

甘酢とタルタルソースで食べるチキン南蛮を、ご飯の上にドンとのせた
ボリューム満点のお弁当です。お決まりのレタスとトマトも必須。
タルタルソースは別器に入れて持っていき、たっぷりとかけていただきます。

チキン南蛮ご飯

材料／1人分
鶏もも肉　小1枚
塩、こしょう　各少々
小麦粉　適量
溶き卵　1/2個分
揚げ油　適量

タルタルソース
　ゆで卵　1個
　きゅうりのピクルス　1本
　らっきょう　1個
　マヨネーズ　大さじ3
　ウスターソース　少々
　塩　少々

甘酢
　酢、しょうゆ　各大さじ1
　砂糖、水　各大さじ1/2
ご飯　適量

1　タルタルソースのゆで卵、きゅうりのピクルス、らっきょうはみじん切りにする。☞前日に仕込む
2　1にマヨネーズとウスターソース、塩を加えて混ぜ合わせ、タルタルソースを完成させる。
3　甘酢の材料は混ぜておく。
4　鶏肉は筋や余分な脂肪を取り除き、身の厚いところは包丁を入れて開き、厚さが均一になるようにする。皮目にフォークで数カ所穴をあけ、軽く塩、こしょうをふり、小麦粉をたっぷりめにまぶす。
5　4を溶き卵にくぐらせ、170℃の揚げ油でじっくりと揚げ、最後に火を強めてカラリと仕上げる。
6　熱いうちに3の甘酢にさっとつける。
7　お弁当箱にご飯を詰め、6を食べやすい大きさに切ってのせる。タルタルソースは別容器に入れて持っていき、食べるときにかける。

せん切りレタス＆トマト

材料／1人分
レタス　1〜2枚
トマト　1/4個

1　レタスはせん切りにする。☞前日に作りおき
2　トマトをくし形に切り、レタスとともにお弁当箱に詰める。

MENU 👉
チキン南蛮ご飯
せん切りレタス&トマト

チキンカツ弁当

チキンカツにポテトフライを添え、ご飯はバターの香りがほんのり漂うハムライス。
生野菜もたっぷり食べたいから、別容器にたっぷり入れて持っていきます。
ドレッシングはチキンカツのソースとしても使います。

 →  →

チキンカツ＆ポテトフライ

材料／1人分
鶏もも肉　1/2枚
塩、こしょう　各適量
じゃがいも　1個
小麦粉、溶き卵、生パン粉　各適量
揚げ油　適量

1　鶏肉は筋や余分な脂肪を取り除き、身の厚いところには包丁を入れて開き、厚さが均一になるようにする。皮目にフォークで数カ所穴をあけ、塩、こしょうをふる。
2　小麦粉をしっかりとまぶし、余分な粉ははたき落とし、溶き卵、生パン粉の順に衣をつける。☞前日に仕込む
3　じゃがいもは皮をむいて4等分に切り、水からゆで、水気をきる。小麦粉、溶き卵、生パン粉の順に衣をつける。☞前日に仕込む
4　3を170℃の揚げ油できつね色にカラリと揚げる。続いて、2を入れ、じっくりと揚げ、最後に火を強めてカラリと仕上げる。チキンカツは食べやすい大きさに切り分ける。

生野菜のサラダ

材料／1人分
レタス、セロリ、きゅうり、
　ピーマン、トマト　各適量
フレンチドレッシング
　フレンチマスタード　小さじ1
　赤ワインビネガー　大さじ1
　塩　小さじ1/2
　こしょう　少々
　オリーブオイル　大さじ3

1　レタスは手でちぎり、セロリ、きゅうりは薄切りにする。ピーマンは種を取って輪切りにし、トマトはくし形に切り、容器に詰める。☞前日に作りおき
2　フレンチドレッシングの材料は混ぜ合わせる。☞前日に作りおき
3　ドレッシングは別容器に入れて持っていき、食べるときにかけて混ぜる。チキンカツのソースとしても使う。

ハムライス

材料／1人分
ご飯　茶碗大1杯分
ハム　1枚
パセリのみじん切り　小さじ1
バター　小さじ1/2
塩　少々

1　ハムは刻む。
2　ボウルにご飯を入れ、1、パセリ、バター、塩を加えて混ぜる。

MENU 👉
チキンカツ & ポテトフライ
生野菜のサラダ
ハムライス

チキンオムライス弁当

ケチャップ色のチキンライスの上に黄色いオムレツをのせた
特製オムライスが主役。チキンライスの上に薄焼き卵をのせてもいいけれど、
オムレツをのせた方が食感がやわらかく、卵2個で作れば厚みも出ておいしそう。

 →  →

チキンオムライス

材料／1人分
チキンライス
　鶏胸肉　50g
　マッシュルーム　1個
　玉ねぎのみじん切り　1/8個分
　グリーンピース(冷凍)　20g
　バター　大さじ1
　塩　小さじ1/4
　こしょう　少々
　トマトケチャップ　大さじ2
　ご飯　茶碗大1杯分
　白ワイン　少々
卵　2個
塩　少々
バター　小さじ2

1　チキンライスを作る。鶏肉は1cm角に切り、マッシュルームは石づきを取って薄切りにする。
2　フライパンにバターを熱して玉ねぎを炒め、玉ねぎがしんなりしたら鶏肉を加えてさらに炒める。鶏肉の色が変わったらマッシュルームとグリーンピースを加えて炒め合わせ、塩、こしょうをふり、トマトケチャップを加えてさらに炒める。ご飯を加え、白ワインをふり入れてほぐすように炒め合わせる。
3　卵は割りほぐし、塩を加えて混ぜる。
4　小さめのフライパンにバターを入れて熱し、バターが溶けたら**3**を一気に流し入れ、強火で手早く大きく混ぜる。下がかたまって上が半熟状になったら、オムレツ形に整えて中まで火を通す。
5　お弁当箱にチキンライスを詰め、**4**をのせる。好みでトマトケチャップ(分量外)を添える。食べるときにオムレツをくずしてチキンライスと一緒に食べる。

さやいんげんのサラダ

材料／1人分
さやいんげん　30g
玉ねぎのみじん切り　小さじ1
ドレッシング
　酢　小さじ1/2
　塩、こしょう　少々
　オリーブオイル　小さじ2

1　さやいんげんは塩少々(分量外)を入れた熱湯でゆで、食べやすい長さに切る。玉ねぎと混ぜる。☞前日に仕込む
2　ドレッシングの材料は混ぜ合わせる。☞前日に仕込む
3　**1**を**2**であえてお弁当箱に詰める。

MENU 👉
チキンオムライス
さやいんげんのサラダ

タンドリーチキン弁当

スパイスヨーグルトだれにつけ込んだ鶏肉は、焼いてもやわらかくてコクがあり、お弁当なのに本格派の味わい。カシューナッツとレーズンを混ぜたご飯、野菜のマリネを添えれば、インド風お弁当のでき上がりです。

タンドリーチキン

材料／1人分
鶏もも肉　1/2枚
鶏胸肉　1/2枚
スパイスヨーグルトだれ
　プレーンヨーグルト　1/2カップ
　にんにくのすりおろし　1かけ分
　しょうがのすりおろし　1かけ分
　トマトケチャップ　大さじ1
　パプリカパウダー　小さじ1/3
　カレー粉　小さじ1
　黒こしょう　各少々
　塩　小さじ1/2
サラダ油　少々
サニーレタス　適量

1　鶏肉は食べやすい大きさに切る。
2　スパイスヨーグルトだれの材料を混ぜ合わせ、鶏肉を加えてもみこむ。☞前日に仕込む
3　フライパンにサラダ油を熱して2を入れ、両面こんがりと焼き、ふたをしてごく弱火にして3〜4分蒸し焼きにする。サニーレタスを添える。

ミニトマトのマリネ

材料／作りやすい分量
ミニトマト　8個
香菜　1株
オリーブオイル　小さじ1
塩　小さじ1/4
レモンの搾り汁　少々

1　ミニトマトはヘタを取って半分に切る。香菜は刻む。
2　保存容器に1を入れ、オリーブオイル、塩、レモンの搾り汁の順に加えて混ぜる。☞前日に作りおき

ナッツレーズンご飯

材料／1人分
ご飯(温かいもの)　茶碗大1杯分
カシューナッツ(ローストしたもの)　大さじ1
レーズン　小さじ2

1　カシューナッツとレーズンは刻む。
2　ご飯に1を加えて混ぜる。

MENU 👉
タンドリーチキン
ミニトマトのマリネ
ナッツレーズンご飯

豚肉のみそ漬け焼き弁当

ソテー用の豚肉にみそだれをぬって一晩おけば、朝は焼くだけ。
白いご飯に合うから、お弁当にも朝食にも重宝します。
ここではしょうゆ味の野菜炒め、甘味に大学いもを添えて、お弁当に仕立てます。

豚肉のみそ漬け焼き & みょうがのみそ漬け

材料／作りやすい分量
豚ロース肉(ソテー用)　2枚
みそだれ
　みそ　大さじ1
　梅干し　小1個
　みりん　大さじ½
　酒　大さじ½
　砂糖　小さじ½
みょうが　2個
サラダ油　小さじ2

1　みそだれを作る。梅干しは種を取り除いて細かくたたき、ほかの材料と混ぜ合わせる。
2　豚肉に**1**のみそをぬり、ラップでぴったりと包む。みょうがにもみそをぬり、ラップでぴったりと包む。☞前日に仕込む
3　豚肉とみょうがについたみそを手で拭い落とし、さっと洗い流して水気をしっかりと拭く。
4　フライパンにサラダ油を熱して**3**の豚肉を入れ、弱めの中火で両面じっくりと焼く。
5　食べやすい大きさに切り、みょうがを縦半分に切って添える。

ピーマンなす炒め

材料／1人分
ピーマン　1個
なす　½本
ごま油　少々
酒　小さじ2
しょうゆ　小さじ2

1　ピーマンは種を取り、なすはヘタを取り、それぞれ一口大の乱切りにする。
2　フライパンにごま油を熱し、**1**を入れて炒め、酒、しょうゆを加えて味をなじませる。

大学いも

材料と作り方はp.107参照。☞前日に作りおき

MENU ☞
豚肉のみそ漬け焼き＆
　みょうがのみそ漬け
ピーマンなす炒め
大学いも
ご飯＋梅干し

⑳ ポークベーコン巻き弁当

豚ヒレ肉の料理、マカロニサラダ、バター風味のパセリご飯、
フルーツポンチを取り合わせた、ちょっと豪華な洋食弁当。
フレンチの手法で作る特製ソースが、おいしさの決め手です。

 →  →   →   →

ポークベーコン巻き

材料／1人分

豚ヒレ肉　80g × 2枚
ベーコン　2枚
塩、こしょう　各少々
小麦粉　適量
サラダ油　小さじ2
白ワイン　小さじ2
ソース
　白ワイン　¼カップ
　トマトペースト　小さじ2
　トマトケチャップ　大さじ½
　ウスターソース　小さじ⅓
　水　大さじ2
　塩、こしょう　各少々
　バター　小さじ2
きゅうりのピクルス　適量

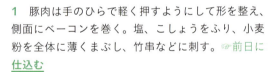

1　豚肉は手のひらで軽く押すようにして形を整え、側面にベーコンを巻く。塩、こしょうをふり、小麦粉を全体に薄くまぶし、竹串などに刺す。🍳前日に仕込む
2　フライパンにサラダ油を熱して **1** を入れ、両面しっかりと焼き色がつくまで焼く。
3　白ワインを振りかけて弱火にし、ふたをして2〜3分蒸し焼きにする。いったん豚肉は取り出す。
4　ソースを作る。**3** のフライパンに白ワインを入れて強火で煮立て、トマトペースト、トマトケチャップ、ウスターソース、水、塩、こしょうを加えて混ぜ、バターを小さく切って少しずつ加えてとろみを出す。
5　**4** に **3** の豚肉を戻し入れてからめる。
6　お弁当箱に詰めてピクルスを半割りにして添える。

マカロニサラダ

材料／作りやすい分量

マカロニ　100g
玉ねぎ　¼個
卵　1個
塩、こしょう　少々
オリーブオイル　小さじ1
レモンの搾り汁　小さじ1
マヨネーズ　大さじ4

1　マカロニは塩少々（分量外）を加えた熱湯でゆで、ザルに上げる。
2　玉ねぎはみじん切りにし、塩水に入れて手でもみ、水気を絞る。卵はゆでて殻をむき、粗めのみじん切りにする。
3　ボウルに **1** を入れ、**2** を加えて塩、こしょうをふり、オリーブオイルとレモンの搾り汁を加えて混ぜる。
4　マヨネーズを加えてあえる。🍳前日に作りおき

パセリご飯

材料／1人分

ご飯（温かいもの）　茶碗大1杯分
パセリのみじん切り　小さじ1
バター　小さじ1

1　ご飯にパセリのみじん切りとバターを加えて混ぜる。

フルーツポンチ

材料と作り方は p.105 参照。
🍳前日に作りおき

MENU ☞
ポークベーコン巻き
マカロニサラダ
パセリご飯
フルーツポンチ

豚肉と根菜のみそ炒め弁当

豚バラ薄切り肉とれんこん、大根、しいたけで作るみそ炒めが主菜。
これをクレソンとともに、玄米ご飯に混ぜて食べるのがおいしい。
混ぜやすいように、玄米ご飯はちょっと深めのお弁当箱に詰めて。

豚肉と根菜のみそ炒め

材料／1人分
豚バラ薄切り肉　60g
れんこん　60g
大根　1cm
しいたけ　1枚
しょうが　小1かけ
ごま油　大さじ1
酒　小さじ1½
しょうゆ　小さじ⅓
みそ　小さじ1½
砂糖　少々

1　豚肉は2〜3cm幅に切る。れんこんは皮をむいて乱切りにし、大根は1cm角に切る。しいたけは石づきを取って半分に切ってから4mm厚さに切り、しょうがはみじん切りにする。
2　フライパンにごま油としょうがを入れて火にかけ、香りが立ったら、豚肉を加えて炒める。豚肉の色が変わったら、れんこん、大根、しいたけを加え、全体に焼き色がつくまで強火で炒め、中まで火を通す。
3　酒、しょうゆ、みそ、砂糖を加え、水分が飛ぶまで炒め合わせる。

クレソン

材料／1人分
クレソン　適量

1　かたい軸の部分は除き、食べやすい長さに切る。

玄米ご飯＋ごま塩

材料／作りやすい分量
玄米ご飯　適量
ごま塩　適量

1　お弁当箱に玄米ご飯を詰め、ごま塩をふる。

※玄米ご飯の炊き方／2合分
1　玄米を洗ってザルに上げ、水450㎖とともにボウルに入れ、2時間以上浸水させる。
2　水ごと圧力鍋に移し、ふたをして強火にかけ、錘が動いたら（またはシューといったら）弱火にして20分加熱する。
3　火を止めて感圧ピンが下がるまでそのままおき、ふたをとって全体に混ぜる。

玄米ご飯と豚肉と根菜のみそ炒めを混ぜて食べるのがおすすめ。

MENU 👉
豚肉と根菜のみそ炒め
クレソン
玄米ご飯＋ごま塩
好みの漬けもの
みかん

肉天弁当

豚肉を揚げるときに冷蔵庫にある野菜も一緒に揚げれば、主菜と副菜のでき上がり。
作りおきの大根のサラダを添えて味と食感のバランスをとります。
大根葉は菜めしにすると、彩りのよいお弁当に。

肉天と野菜天

材料／1人分
豚ロース薄切り肉　100g
豚肉の下味
　酒、しょうゆ　各小さじ2
かぼちゃ　40g
アスパラガス　1本
小麦粉　適量
衣
　冷水　大さじ4
　小麦粉　大さじ3
揚げ油　適量

1　豚肉はバットなどに広げて下味の材料をもみこむ。2～3枚ずつ重ね、端からクルクルと巻いて形を整える。☞前日に仕込む
2　かぼちゃは種を取り、食べやすい大きさの薄切りにする。アスパラガスは根元のかたい部分を切り落とし、2～3等分の長さにする。
3　衣の材料は軽く混ぜ合わせる。
4　2に小麦粉をまぶし、3の衣にくぐらせ、170℃の揚げ油でカラリと揚げる。
5　続いて、1に小麦粉をまぶし、3の衣にくぐらせ、170℃の揚げ油で揚げて中まで火を通す。冷めてから切り分ける。

大根のレモンサラダ

材料／作りやすい分量
大根　1/4本
レモンの搾り汁　小さじ2
塩　小さじ1/2
オリーブオイル　小さじ2
レモンの皮　1/2個分

1　大根は皮をむいて2mm厚さの輪切りにし、塩をふってしばらくおき、水気が出たら絞る。
2　ボウルにレモンの搾り汁、塩を加えて混ぜ、オリーブオイルを少しずつ加える。レモンの皮を加えて混ぜる。
3　2に1を加えてあえる。☞前日に作りおき

菜めし

材料／1人分
ご飯(温かいもの)　茶碗大1杯分
大根葉(細かく刻んだもの)　大さじ2
酒、塩　各少々

1　大根葉は塩少々(分量外)をふって手でもむ。
2　1をフライパンに入れて火にかけ、酒をふって軽く炒り、塩で味を調える。
3　ご飯に2を混ぜる。

MENU 👉
肉天
野菜天
大根のレモンサラダ
菜めし

ソースヒレカツ丼弁当

とんかつをお弁当にするときは、冷めてもやわらかく脂のないヒレ肉。
ロース肉だと冷めると脂がかたくなり、食べたときにちょっと気になります。
せん切りキャベツをたっぷり敷いてソースをかけて丼仕立てに！

ソースヒレカツ丼

材料／1人分
豚ヒレ肉　150g
塩、こしょう　各少々
小麦粉、溶き卵　各適量
パン粉　1/2カップ
揚げ油　適量
ソース
　ウスターソース　大さじ2
　しょうゆ　小さじ1
キャベツ　1～2枚
ご飯　適量

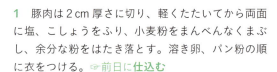

1　豚肉は2cm厚さに切り、軽くたたいてから両面に塩、こしょうをふり、小麦粉をまんべんなくまぶし、余分な粉をはたき落とす。溶き卵、パン粉の順に衣をつける。☞前日に仕込む
2　1を170℃の揚げ油でじっくりと揚げる。
3　ソースの材料を混ぜ合わせ、キャベツ用に少し残して、揚げたての2にかける。
4　キャベツはせん切りにして水にさらし、水気をしっかりときる。
5　お弁当箱にご飯を詰め、4をたっぷりとのせて残しておいたソースをかけ、3をのせる。

きゅうりのしょうが漬け

材料／作りやすい分量
きゅうり　2本
しょうがのせん切り　1かけ分
漬け汁
　赤唐辛子　1本
　酢、水　各50mℓ
　砂糖　小さじ2
　塩　小さじ1

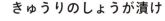

1　きゅうりはところどころ皮をむいて斜め切りにし、塩適量(分量外)をまぶし、30分ほどおく。
2　鍋に漬け汁の材料を入れて火にかけ、一煮立ちさせる。
3　1の水気をきってボウルなどに入れ、しょうがを加え、2を熱いうちに注ぎ入れ、そのまま粗熱を取る。保存容器に移す。☞前日に作りおき

MENU ☞
ソースヒレカツ丼
きゅうりのしょうが漬け
姫りんご

ルーローハン弁当

五香粉（ウーシャンフェン）と八角を入れてコトコトと煮た台湾風豚の角煮が主役。
一緒に煮たゆで卵、ゆでた青菜とともにご飯にのせるのが定番です。
口直しには歯ごたえのある漬けものを。ここではラーパーツァイを入れます。

ルーローハン

材料／作りやすい分量
豚バラかたまり肉　300g
豚肉の下味
　酒　大さじ2
　しょうゆ　大さじ2
　砂糖　大さじ1½
　五香粉　小さじ1
　八角　1個
干ししいたけ　2枚
しいたけの戻し汁　約1カップ
長ねぎ　5cm
にんにく　1かけ
しょうが　1かけ
サラダ油　大さじ2
ゆで卵　2個
ご飯　適量

1　豚肉は2cm角に切ってボウルに入れ、下味の材料を加えて混ぜ、20分ほどおく。
2　干ししいたけは水1カップ（分量外）で戻し、軸を取って2cm角に切る。戻し汁は取っておく。
3　長ねぎは粗みじん切りにし、にんにく、しょうがはみじん切りにする。
4　鍋にサラダ油を熱し、汁気をきった豚肉を入れて強火で焼きつけ、出てきた脂を拭き取る。漬け込んだ調味料は取っておく。
5　4の鍋に3としいたけを加えて炒め、香りが立ったら、漬け込んだ調味料としいたけの戻し汁を加え、ふたをして弱火で30分ほど煮る。
6　ふたをとり、ゆで卵を加え、さらに煮汁が煮詰まるまで20分ほど煮る。☞前日に作りおき
7　お弁当箱にご飯を詰め、6をのせる。ゆで卵は半分に切る。

ゆで小松菜

材料／1人分
小松菜　¼束

1　小松菜は塩少々（分量外）を加えた熱湯でさっとゆで、流水に取ってザルに上げ、水気をしっかりと絞る。
☞前日に作りおき
2　食べやすい長さに切り、さらに水気を絞ってお弁当箱に詰める。

ラーパーツァイ

材料／作りやすい分量
白菜　¼個
甘酢
　赤唐辛子の小口切り　1〜2本分
　酢　大さじ2
　砂糖　大さじ1
　塩　小さじ½
しょうが　1かけ
ごま油　大さじ1

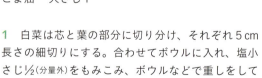

1　白菜は芯と葉の部分に切り分け、それぞれ5cm長さの細切りにする。合わせてボウルに入れ、塩小さじ½（分量外）をもみこみ、ボウルなどで重しをしてそのまま15分ほどおく。
2　1の水気をしっかりと絞ってボウルに入れ、甘酢の材料を混ぜ合わせてかける。
3　しょうがはごく細いせん切りにする。
4　小鍋にごま油を入れて火にかけ、しょうがを加え、香りが立ったら2にかけ、そのまま漬ける。
☞前日に作りおき
5　汁気を絞ってお弁当箱に詰める。

MENU ☞
ルーローハン
ゆで小松菜
ラーパーツァイ

牛しぐれ煮丼弁当

お弁当には汁気の少ない煮ものがおすすめ。だから、牛丼ではなく、
汁気を飛ばした牛しぐれ煮丼。しぐれ煮にはクレソンを入れるのが坂田流。
副菜はレンジでチンするだけのかぼちゃ、口直しにぶどうを添えます。

 →  →  →

牛しぐれ煮丼

材料／作りやすい分量
牛薄切り肉　200g
ごぼう　½本
サラダ油　大さじ1
砂糖　大さじ2
しょうゆ　大さじ3
実山椒または
　実山椒のつくだ煮　大さじ1
クレソン　1束
ご飯　適量
紅しょうがのせん切り　適量

1　牛肉は食べやすい長さに切る。鍋に水1カップ（分量外）を入れて火にかけ、沸騰したら牛肉を入れ、アクを取りながらさっとゆでる。ザルに上げ、ゆで汁も取っておく。
2　ごぼうは皮をこそげ、長めのささがきにして水にさらし、ザルに上げて水気をきる。
3　鍋にサラダ油を熱してごぼうと長ねぎを炒め、**1**のゆで汁、砂糖、しょうゆ、実山椒を加えて強火で5分ほど煮る。
4　牛肉を加えて全体に混ぜ、煮汁が少なくなるまで強火で2～3分煮る。☞前日に**作りおき**
5　クレソンは葉を摘み、軸は小口切りにする。
6　**4**を再び火にかけ、クレソンを加えてざっと混ぜる。
7　お弁当箱にご飯を詰め、**6**をのせ、紅しょうがを添える。

レンジ蒸しかぼちゃ

材料／1人分
かぼちゃ　正味40g
塩　少々

1　かぼちゃは一口大に切り、耐熱容器に入れて水少々（分量外）を加え、ラップをふんわりとかけて約3分レンジ加熱する。☞前日に**作りおき**
2　軽く塩をふってお弁当箱に詰める。

MENU ☞
牛しぐれ煮丼
レンジ蒸しかぼちゃ
ぶどう

牛肉のくるくる弁当

一口で食べられるくるくる巻きはお弁当の定番おかず。ここでは、作りおきのにんじんのきんぴらを芯にし、くるくる巻いて焼きつけます。副菜は、彩り、食感などを考えて、具入り卵焼き、青菜のごまあえ。飽きない組み合わせです。

牛肉のくるくる

材料／1人分
にんじんのきんぴら(作りやすい分量)
　にんじん　1本
　ごま油　小さじ2
　酒、しょうゆ、みりん　各大さじ1
　黒酢　少々
牛薄切り肉　4枚
ごま油　小さじ1
酒、しょうゆ　各少々

1　にんじんのきんぴらを作る。にんじんは細切りにし、ごま油を熱した鍋に入れて炒め、少ししんなりしたら、酒、しょうゆ、みりんを加えて煮詰め、仕上げに黒酢を加えて混ぜる。☞前日に**作りおき**
2　牛肉を2枚ずつ重ねて広げ、1を適量ずつのせて端からくるくると巻く。
3　フライパンにごま油を熱し、2の巻き終わりを下にして並べ入れ、ときどき転がしながら焼く。酒をふり入れ、しょうゆを加えてからめる。
4　食べやすい長さに切る。

しらすねぎ卵焼き

材料／作りやすい分量
卵　2個
しらす干し　小さじ2
長ねぎの小口切り　2〜3cm分
塩　小さじ1/4
砂糖　少々
サラダ油　少々

1　卵は割りほぐし、しらす干し、長ねぎ、塩、砂糖を加えて混ぜる。
2　卵焼き器にサラダ油をなじませ、1を流し入れて大きく混ぜ、半熟程度に火が通ったら一つにまとめて完全に火を通し、形を整える。
3　食べやすい大きさに切り分ける。

ほうれん草のごまあえ

材料／1人分
ほうれん草　1/6束
あえ衣
　白すりごま　小さじ1
　しょうゆ　小さじ1/2
　砂糖　小さじ1/3

1　ほうれん草は塩少々(分量外)を加えた熱湯でさっとゆで、流水にとってザルに上げ、水気をしっかりと絞る。☞前日に**作りおき**
2　あえ衣の材料を混ぜ合わせ、1を3cm長さに切ってあえる。

MENU 👉
牛肉のくるくる
しらすねぎ卵焼き
ほうれん草のごまあえ
ご飯＋ゆかり

27 焼き肉おむすび弁当

焼き肉、葉野菜、ナムル、ご飯。このセットを、手づかみで食べられる
お弁当にしたい。そこで考えたのが、焼き肉おむすび。
ご飯に牛肉を巻いて焼き、葉野菜やナムルと一緒に頬張ります。

焼き肉おむすび＋えごまの葉、サニーレタス

材料／1人分
牛薄切り肉　6枚
牛肉の下味
　にんにくのすりおろし
　　小さじ¼
　砂糖　小さじ1
　しょうゆ　大さじ1
　酒　大さじ1
ご飯（温かいもの）　適量
白炒りごま　適量
ごま油　小さじ1
えごまの葉、サニーレタス　適量

1　牛肉は広げ、下味の材料を加えてなじませる。
☞前日に仕込む
2　ご飯はごまを加えて混ぜ、小さめのおむすびを作る。
3　**1**を2枚ずつ重ね、**2**をのせて巻く。
4　フライパンにごま油を熱し、**3**を入れて転がしながら焼いて香ばしく仕上げる。
5　えごまの葉、サニーレタスを別容器に入れて持っていき、焼き肉おむすびを包んで食べる。

サニーレタスの上にえごまの葉をのせ、焼き肉おむすびを包んで食べるのがおすすめ。

ミニトマトのナムル

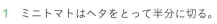

材料／作りやすい分量
ミニトマト　7〜8個
塩　小さじ¼
酢　少々
ごま油　小さじ½

1　ミニトマトはヘタをとって半分に切る。
2　ボウルに入れ、塩、酢、ごま油を加えてあえる。
☞前日に作りおき

ブロッコリーのナムル

材料／作りやすい分量
ブロッコリー　小1個
にんにくのすりおろし　少々
ごま油　小さじ2
塩　小さじ¼
しょうゆ　少々

1　ブロッコリーは小房に分け、かためにゆでる。
2　ボウルに入れ、にんにくのすりおろし、ごま油、塩、しょうゆを加えてあえる。☞前日に作りおき

MENU 👉
焼き肉おむすび＋えごまの葉、サニーレタス
ミニトマトのナムル
ブロッコリーのナムル

牛肉のスパイス焼き弁当

薄切り肉は火の通りが早いので、お弁当向き。ここでは、数種類のスパイス、にんにく、トマトケチャップで下味をつけた牛肉をオリーブオイルでさっと炒めます。とうもろこしご飯、ほろ苦野菜のマリネを添えてメキシカン弁当に。

牛肉のスパイス焼き

材料／1人分
牛薄切り肉（バター焼き用）　150g
牛肉の下味
　にんにくのすりおろし　少々
　チリパウダー　小さじ1/4
　クミンパウダー　小さじ1/4
　カイエンヌペッパー　少々
　塩　小さじ1/4
　黒こしょう　少々
　オリーブオイル　小さじ2
　トマトケチャップ　小さじ2
オリーブオイル　小さじ1
サニーレタス　適量

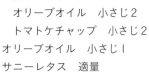

1　牛肉は広げ、下味の材料を混ぜ合わせて加え、よくもみこむ。☞前日に仕込む
2　フライパンにオリーブオイルを熱し、1を入れ、焼き色がつくまで強火で炒める。
3　お弁当箱にサニーレタスを敷き、2を詰める。

ピーマンと紫玉ねぎのマリネ

材料／作りやすい分量
ピーマン　1個
赤ピーマン　1/2個
紫玉ねぎ　1/8個
赤ワインビネガー　小さじ1
塩　小さじ1/3
オリーブオイル　小さじ2

1　ピーマンと赤ピーマンは種を取って細切りにする。紫玉ねぎは薄切りにする。
2　1を合わせ、赤ワインビネガー、塩、オリーブオイルを加えてあえる。☞前日に作りおき

とうもろこしご飯

材料／作りやすい分量
米　2合
とうもろこし　1本
塩　小さじ1/2

1　米は洗ってザルに上げ、水気をきる。とうもろこしは実を包丁でこそげ落とし、芯は半分の長さに切る。
2　鍋に米、水2カップ（分量外）、塩を入れ、とうもろこしの実と芯を加えてふたをし、強火にかける。沸騰したら弱火にし、10分ほど炊く。火を止めて10分ほど蒸らし、とうもろこしの芯を除いて全体に混ぜる。

MENU ☞
牛肉のスパイス焼き
ピーマンと紫玉ねぎのマリネ
とうもろこしご飯
カットパイナップル

29 鶏つくねご飯弁当

一口サイズの鶏つくねをご飯にのせた、ボリューム感のあるお弁当。
つくねのタネはよく練り混ぜておくと、焼いてもふんわり、やわらかなまま。
食感のある根菜のきんぴら、キャベツの即席漬けを組み合わせます。

 →  →  →

鶏つくねご飯

材料／作りやすい分量
鶏つくねのタネ
　鶏ひき肉　150g
　長ねぎのみじん切り　大さじ2
　溶き卵　1/2個分
　しょうがの搾り汁　小さじ1
　酒　小さじ1/3
　砂糖　少々
　塩　小さじ1/3
　片栗粉　小さじ2
ごま油　小さじ2
ししとう　3〜4本
酒、みりん、しょうゆ　各大さじ1
砂糖　少々
ご飯　適量
黒炒りごま　少々

1　鶏つくねのタネを作る。ボウルに鶏つくねのタネの材料を入れてよく練り混ぜる。☞前日に仕込む
2　1をピンポン玉くらいの大きさに丸め、軽くつぶして形を整える。
3　フライパンにごま油を熱し、ししとうを入れて焼き、取り出す。
4　3のフライパンに2を入れ、両面しっかりと焼き、酒、みりんを加えて煮立て、しょうゆ、砂糖を加え、煮詰めながら味をからめる。
5　お弁当箱にご飯を詰め、鶏つくねとししとうをのせ、ごまをふる。

れんこんのきんぴら

材料／作りやすい分量
れんこん　1節
赤唐辛子　1本
ごま油　大さじ1
酒、しょうゆ、みりん　各大さじ1
塩　少々
黒酢　小さじ1

1　れんこんは皮をむいて3〜4cm長さに切り、縦に棒状に切り、水に5分ほどさらし、水気をきる。赤唐辛子は種を取る。
2　フライパンにごま油を熱して1を入れて炒め、れんこんが少し透明になってきたら、酒、しょうゆ、みりん、塩を加えて炒め合わせ、黒酢を加えてさらに炒める。☞前日に作りおき

キャベツのゆかり昆布あえ

材料／作りやすい分量
キャベツ　3〜4枚
塩昆布の細切り　小さじ2
ゆかり　小さじ1

1　キャベツはざく切りにして塩少々（分量外）をふってもみ、しんなりしたら水気を絞る。
2　1に塩昆布とゆかりを加えてあえる。☞前日に作りおき

MENU ☞
鶏つくねご飯
れんこんのきんぴら
キャベツのゆかり昆布あえ

ひき肉なす炒め弁当

しょうがを利かせたひき肉なす炒め、梅がアクセントのあえもの、
ちくわのきゅうり詰め、枝豆を混ぜたご飯……と夏〜秋に作りたい和のお弁当。
ひき肉なす炒めは汁気が出ないようにゆるめの水溶き片栗粉でまとめるのがコツ。

ひき肉なす炒め

材料／1人分
合いびき肉　90g
なす　1本
ごま油　大さじ1
しょうがのみじん切り　小さじ2
酒、しょうゆ、みそ　各小さじ1
砂糖　少々
水溶き片栗粉　片栗粉小さじ1/3 ＋水小さじ1

1　なすは小さめの乱切りにする。
2　フライパンにごま油小さじ1を熱してしょうがを炒め、香りが立ったら、ひき肉を加えて炒め、色が変わったら取り出す。
3　2のフライパンをさっと拭いて残りのごま油を足し、なすを入れて炒める。
4　なすがしんなりしたらひき肉を戻し入れ、酒をふり、しょうゆ、みそ、砂糖を加え、味をなじませながら炒め合わせる。
5　水溶き片栗粉を加えてゆるいとろみをつける。

枝豆ご飯

材料／1人分
ご飯（温かいもの）　茶碗大1杯分
枝豆（ゆでたもの）　40g

1　枝豆は薄皮を取り除く。
2　ボウルにご飯を入れ、枝豆を加えて混ぜ、塩で味を調える。

シャキシャキじゃがいもの梅しらすあえ

材料／作りやすい分量
じゃがいも　2個
しらす干し　大さじ2
梅肉（たたいたもの）　1個分
塩　小さじ1/2
しょうゆ　少々
太白ごま油　大さじ1
削り節（糸削り）　少々

1　じゃがいもは皮をむき、ごく細いせん切りにして水にさらし、しばらくしたらザルに上げる。熱湯をさっと回しかけ、水をかけて冷まし、水気をしっかりきる。
2　ボウルに梅肉、塩、しょうゆ、太白ごま油、削り節を入れて混ぜ合わせ、1としらす干しを加えてあえる。☞前日に作りおき

ちくわのきゅうり詰め

材料／1人分
ちくわ　1/2本
きゅうり　1/6本

1　きゅうりは縦4等分に切り、ちくわに詰め、一口大に切る。

MENU 👉
ひき肉なす炒め
シャキシャキじゃがいもの梅しらすあえ
ちくわのきゅうり詰め
枝豆ご飯

ハンバーグ弁当

ハンバーグ、ナポリタン、ポテトサラダのトリオは、みんな大好き。
お弁当にするときは、ハンバーグは火が早く通るように小ぶりに形作り、
ナポリタンとポテトサラダは手間がかからないようにシンプルに。

ハンバーグ

材料／作りやすい分量
ハンバーグのタネ
　合いびき肉　200g
　玉ねぎ　1/4個
　サラダ油　小さじ2
　生パン粉　1/4カップ
　牛乳　大さじ1 1/2
　ナツメグ　少々
　溶き卵　1/3個分
　塩　小さじ1/3
　こしょう　少々
サラダ油　小さじ2
赤ワイン　大さじ2
トマトケチャップ　小さじ2
ウスターソース　小さじ1
塩　少々
バター　大さじ1

1　ハンバーグのタネを作る。玉ねぎはみじん切りにし、サラダ油を熱したフライパンで薄茶色になってしっとりするまで炒め、冷ます。
2　ボウルにハンバーグのタネの材料をすべて入れ、粘りが出るまで手早く練り混ぜる。☞前日に仕込む
3　2を4等分にし、空気を抜きながら丸く形を整え、真ん中を凹ませる。
4　フライパンにサラダ油を熱して3を入れ、両面色よく焼く。ふたをして弱火で3〜4分蒸し焼きにし、取り出す。
5　4のフライパンに赤ワインを入れて煮立て、トマトケチャップ、ウスターソース、水大さじ1（分量外）を加えて少し煮詰める。塩で味を調え、バターを小さく切って加えて混ぜる。
6　お弁当箱にハンバーグを詰め、5をかける。からめてから詰めてもよい。

簡単ナポリタン＋生野菜

材料／1人分
スパゲッティ　30g
サラダ油　適量
玉ねぎ、ピーマン　各1/8個
ハム　1枚
トマトケチャップ　小さじ2
塩　少々
サラダ菜　1〜2枚
きゅうりの薄切り　2枚
トマトのくし形切り　1切れ

1　スパゲッティは半分の長さに折り、塩少々（分量外）を入れた熱湯でゆで、ザルに上げて水気をきる。サラダ油少々をふっておく。☞前日に仕込む
2　玉ねぎは薄切りにし、ピーマンは種を取って細切りにする。ハムは1cm角に切る。
3　フライパンにサラダ油小さじ1を熱して2を炒め、スパゲッティ、湯大さじ1（分量外）を入れ、トマトケチャップ、塩を加えて炒め合わせる。
4　お弁当箱にサラダ菜を敷き、3を詰め、きゅうりとトマトを添える。

シンプルポテトサラダ

材料／作りやすい分量
じゃがいも　2個
じゃがいもの下味
　オリーブオイル　小さじ1
　塩　小さじ1/4
　こしょう　少々
　酢　小さじ1/2
玉ねぎ　1/8個
ハム　1枚
マヨネーズ　大さじ2

1　じゃがいもは皮つきのままゆで、竹串がスーッと入るくらいまでやわらかくなったらザルに上げ、皮をむいてボウルに入れ、粗めにつぶす。
2　1にオリーブオイル、塩、こしょう、酢の順に加えて混ぜ、下味をつける。
3　玉ねぎはみじん切りにし、塩水につけて少しおき、水気をしっかりときる。ハムは1cm角に切る。
4　2に3とマヨネーズを加えて混ぜる。☞前日に作りおき

MENU
ハンバーグ
簡単ナポリタン＋生野菜
シンプルポテトサラダ
ご飯

スコッチエッグ弁当

ちょっぴり懐かしいスコッチエッグとインディアンピラフの組み合わせが人気のお弁当。カレー味の炒めご飯は冷めてもおいしいのが魅力です。キャロットラペをつけ合わせて、色、食感、栄養のバランスをとります。

スコッチエッグ

材料／1人分
ひき肉ダネ
　合いびき肉　100g
　玉ねぎ　⅛個
　サラダ油　小さじ1
　生パン粉　⅛カップ
　牛乳　小さじ2
　ナツメグ　ごく少々
　溶き卵　⅙個分
　塩、こしょう　各少々
卵　1個
小麦粉、溶き卵、パン粉　各適量
揚げ油　適量
レタス　適量

1　ひき肉ダネを作る。玉ねぎはみじん切りにし、サラダ油を熱したフライパンで薄茶色になってしっとりするまで炒め、冷ます。
2　ボウルにひき肉ダネの材料をすべて入れ、粘りが出るまで手早く練り混ぜる。☞前日に仕込む
3　卵はゆでて殻をむく。☞前日に作りおき
4　パン粉は保存袋などに入れ、めん棒などでたたいて細かくする。
5　ゆで卵に薄く小麦粉をまぶし、2のひき肉ダネで包んで形を整える。小麦粉をまんべんなくまぶし、余分な粉を落とし、溶き卵、パン粉の順に衣をつける。
6　160℃の揚げ油できつね色になるまでじっくりと揚げ、中まで火を通す。
7　半分に切ってお弁当箱に詰め、レタスを添える。好みでトマトケチャップ（分量外）を添える。

キャロットラペ

材料／作りやすい分量
にんじん　2本
ドレッシング
　フレンチマスタード　小さじ1
　塩　小さじ½
　こしょう　少々
　砂糖　小さじ¼
　赤ワインビネガー　小さじ2
　オリーブオイル　大さじ2

1　にんじんは皮をむいてせん切りにし、塩小さじ⅓（分量外）をふって混ぜる。
2　ドレッシングを作る。ボウルにフレンチマスタード、塩、こしょう、砂糖を入れて混ぜ合わせ、赤ワインビネガーを加えて混ぜ、オリーブオイルを少しずつ加えながら混ぜる。
3　1の水気を軽く絞り、2に加えてあえる。☞前日に作りおき

インディアンピラフ

材料／1人分
ソーセージ　1本
玉ねぎ　⅛個
ピーマン　½個
サラダ油　小さじ1
塩、黒こしょう　各少々
カレー粉　小さじ1
ご飯　茶碗大1杯分
バター　小さじ2
しょうゆ　小さじ½

1　ソーセージは薄い輪切りにする。玉ねぎ、ピーマンは粗みじん切りにする。
2　フライパンにサラダ油を熱して玉ねぎとピーマンを炒め、ソーセージを加えてさらに炒める。
3　塩、こしょう、カレー粉を加えてなじませ、ご飯を加えて炒め合わせる。仕上げにバターとしょうゆを加えて混ぜる。

MENU ☞
スコッチエッグ
キャロットラペ
インディアンピラフ
いちご

ドライカレー弁当

ピーマンとにんじん入り、数種類のスパイスとトマトケチャップ、
トマトピューレで作る、おうちカレーの決定版。ご飯にたっぷりのせて
お弁当に持っていきます。薬味は別容器に詰めて、食べるときにトッピング。

ドライカレー＆ナッツご飯

材料／作りやすい分量
合いびき肉　150g
玉ねぎ　1個
ピーマン　1個
にんじん　¼本
にんにく　1かけ
しょうが　1かけ
サラダ油　大さじ1
バター　大さじ½
スパイス
　カレー粉　大さじ1
　コリアンダーパウダー　小さじ½
　クミンパウダー　小さじ½
　カイエンヌペッパー　小さじ¼
小麦粉　小さじ1
トマトケチャップ　小さじ2
トマトピューレ　½カップ
塩　小さじ1
こしょう　適量
砂糖　ひとつまみ
薬味セット
　卵、プロセスチーズ、きゅうりのピクルス　各適量
　スライスアーモンド、レーズン　各適量
ご飯　適量

1　玉ねぎはみじん切りにし、ピーマンは種を取ってみじん切りにする。にんじん、にんにく、しょうがはすりおろす。
2　鍋にサラダ油とバターを熱し、にんにく、しょうがを入れて炒め、香りが立ったら玉ねぎを加え、玉ねぎの色が濃いあめ色になるまで炒める。
3　ピーマンとにんじんを加えて炒め合わせ、ひき肉を加えてさらに炒め、ひき肉がパラパラになったらスパイス、小麦粉を加えてなじませる。
4　トマトケチャップ、トマトピューレ、水70ml（分量外）を加え、ときどき混ぜながら弱めの中火で15分ほど煮る。塩、こしょう、砂糖で味を調える。☞前日に作りおき
5　薬味セットを作る。卵はゆでて殻をむく。☞前日に作りおき
6　プロセスチーズは5mm角に切り、ゆで卵、きゅうりのピクルスはみじん切りにする。
7　スライスアーモンドはオーブントースターに広げて入れ、香ばしくなるまで焼く（またはフライパンに入れて火にかけ、香ばしくなるまで炒る）。
8　お弁当箱にご飯を詰め、**7**のアーモンドとレーズンを散らし、ドライカレーをかける。薬味セットは別容器に入れて持っていく。

スナップえんどう＆トマト

材料／1人分
スナップえんどう　適量
トマトの薄切り　1枚

1　スナップえんどうは筋を取り、塩少々（分量外）を加えた熱湯でゆでる。☞前日に作りおき
2　トマトを半月切りにし、**1**とともにカレーに添える。

MENU
ドライカレー＆ナッツご飯
スナップえんどう＆トマト

ガパオライス弁当

ガパオライスは、ナンプラーとバジルを入れたひき肉野菜炒めをご飯にのせ、目玉焼きをトッピングしたタイの定番メニュー。お弁当に持っていくときは目玉焼きは両面焼きにして中まで火を通し、口直しになますを添えます。

 →  →  →  →

ガパオライス

材料／1人分
豚ひき肉　100g
玉ねぎ　¼個
ピーマン(緑、赤)　各½個
にんにく　少々
赤唐辛子　2本
しょうゆ　小さじ1
砂糖　小さじ½
ナンプラー　小さじ½
塩、こしょう　少々
バジル　5～6枚
サラダ油　適量
卵　1個
ご飯　適量

1　玉ねぎは5mm角に切り、ピーマンは1cm角に切る。にんにくはみじん切りにする。
2　フライパンにサラダ油大さじ1、赤唐辛子、にんにくを入れて火にかけ、香りが立ったらひき肉を加えてほぐしながら炒め、色が変わったら、玉ねぎ、ピーマンを加えてしんなりするまで強火で炒める。
3　しょうゆ、砂糖、ナンプラーを加えてなじませ、塩、こしょうで味を調える。バジルを手で大きめにちぎって加え、炒め合わせる。
4　別のフライパンにサラダ油小さじ1を熱して卵を割り入れ、両面焼いて中まで火を通す。
5　お弁当箱にご飯を詰め、3 をかけ、4 をのせる。

エスニックなます

材料／作りやすい分量
大根　5cm
にんじん　½本
エスニック甘酢
　水　小さじ2
　砂糖　大さじ1
　塩　小さじ1
　ナンプラー　小さじ1
　酢　大さじ1
　赤唐辛子の小口切り　1本分
　にんにくのみじん切り　1かけ分

1　大根、にんじんは皮をむいて太めのせん切りにし、塩小さじ⅓(分量外)をまぶしてしばらくおき、水気が出たらしっかりと水気を絞る。
2　1 を保存容器に入れ、エスニック甘酢の材料を混ぜ合わせて加え、味をなじませる。☞前日に作りおき

MENU ☞
ガパオライス
エスニックなます
バナナ

肉団子の甘酢あん弁当

甘酢あんのからんだ肉団子、塩味のきくらげと卵炒め、
中華ドレッシングであえたサラダを組み合わせた、ボリューミーなお弁当。
味だけでなく、調理法、食感の違うおかずで構成するのが、おいしさのポイント。

肉団子の甘酢あん

材料／作りやすい分量
肉団子のタネ
　豚ひき肉　200g
　長ねぎのみじん切り　¼本分
　しょうがの搾り汁　小さじ1
　酒　小さじ1
　塩　小さじ¼
　こしょう　少々
　溶き卵　½個分
　片栗粉　小さじ1
揚げ油　適量
甘酢あん
　しょうゆ、砂糖　各大さじ1½
　酢　大さじ1
　塩　少々
　水　大さじ3
　鶏ガラスープの素　少々
　水溶き片栗粉　少々
ごま油　少々
レタス　適量

1　ボウルに肉団子のタネの材料をすべて入れて、粘りが出るまでよく練り混ぜる。☞前日に仕込む
2　揚げ油を170℃に熱し、1を適量ずつ手に取ってギュッとにぎって押し出し、スプーンで丸く取り、揚げ油に落とし入れる。ときどき混ぜながら中まで火を通し、全体に色づいたら取り出す。
3　甘酢あんを作る。フライパンに水溶き片栗粉以外の材料を入れて混ぜ合わせ、水溶き片栗粉を加えて混ぜる。混ぜながら火にかけ、とろみをつける。
4　3に2を入れてから、ごま油を回しかける。
5　お弁当箱にレタスを敷いて詰める。

きくらげと卵炒め

材料／1人分
きくらげ（乾燥）　2g
卵　2個
長ねぎ　5cm
酒　少々
ごま油　小さじ2
塩、こしょう　各適量

1　きくらげは水で戻して食べやすい大きさに切る。卵は割りほぐし、酒、塩少々を加えて混ぜる。長ねぎは斜め薄切りにする。
2　フライパンにごま油小さじ1を熱し、卵を入れて強火でさっと炒め、いったん取り出す。
3　2のフライパンにごま油小さじ1を足し、長ねぎときくらげを入れて炒め、軽く塩とこしょうをふり、卵を戻し入れて炒め合わせる。

セロリとザーサイのサラダ

材料／作りやすい分量
セロリ　1本
ザーサイ　30g
ドレッシング
　酢、ごま油　各小さじ1
　塩　小さじ⅓
　しょうゆ　少々
　白炒りごま　適量

1　セロリは斜め薄切りにし、葉はみじん切りにする。塩少々（分量外）をまぶして少しおき、しんなりしたら水気を絞る。ザーサイはせん切りにする。
2　ボウルに1を合わせ、ドレッシングの材料を加えて混ぜる。☞前日に作りおき

MENU
肉団子の甘酢あん
きくらげと卵炒め
セロリとザーサイのサラダ
ご飯

シュウマイ弁当

シュウマイとチャーハンを取り合わせた、人気の中華弁当。
ひき肉ダネを前日に仕込み、朝はシュウマイの皮にチャチャッと包んで
蒸すだけ。思いのほか簡単。一緒に蒸した白菜もお弁当に持っていきます。

 →  →  →

シュウマイ&蒸し白菜

材料／作りやすい分量

ひき肉ダネ
　豚ひき肉　200g
　塩　小さじ2/3
　こしょう　少々
　砂糖　小さじ1 1/2
　しょうがの搾り汁　小さじ2
　溶き卵　1/2個分
　玉ねぎのみじん切り　1/2個分
　しいたけのみじん切り　2枚分
　しょうゆ　大さじ1
　ごま油　小さじ2
　片栗粉　大さじ1
シュウマイの皮　15枚くらい
白菜　適量

1　肉ダネを作る。ボウルにひき肉、塩、こしょう、砂糖、しょうがの搾り汁を入れて練り混ぜ、溶き卵、玉ねぎ、しいたけ、しょうゆ、ごま油を加えてさらに練り混ぜ、片栗粉を加えて混ぜる。☞前日に仕込む
2　左手の指を曲げてコップを持つような形で輪を作り、シュウマイの皮を広げてのせ、中心部分を少し凹ます。1の肉ダネを山盛りのせ(1/15量)、ヘラなどで押しつけながら肉ダネをシュウマイの皮で包む。底面を平らにする。
3　蒸し器に白菜をちぎって敷き、2を並べ、蒸気の立った状態で15分ほど蒸す。
4　蒸し上がったら取り出し、白菜は冷めてから水気を絞って食べやすい大きさに切る。

ピーラーにんじんの中華風サラダ

材料／作りやすい分量

にんじん　1本
ドレッシング
　酢　小さじ1
　しょうゆ　小さじ1/2
　ごま油　小さじ1
　塩　小さじ1/3
香菜のみじん切り　1株分

1　にんじんは皮をむき、ピーラーで細長くむく。
2　ボウルにドレッシングの材料を入れて混ぜ合わせ、1と香菜を加えてあえる。☞前日に作りおき

ねぎ卵チャーハン

材料／1人分

長ねぎ　5cm
卵　1個
サラダ油　大さじ2
ご飯(温かいもの)　茶碗大1杯分
塩、こしょう、しょうゆ　各少々

1　長ねぎは小口切りにする。卵は割りほぐす。
2　フライパンにサラダ油小さじ2を熱し、溶き卵を流し入れて強火でざっと炒め、いったん取り出す。
3　2のフライパンに残りのサラダ油を足して長ねぎを炒め、ご飯を加えて炒め合わせ、塩、こしょう、しょうゆで調味する。
4　卵を戻し入れ、全体に炒め合わせる。

MENU ☞
シュウマイ & 蒸し白菜
ピーラーにんじんの中華風サラダ
ねぎ卵チャーハン

ビビンバ弁当

牛そぼろと野菜のナムルは前日に作りおき、朝はご飯にのせるだけの
お手軽メニュー。ご飯は白飯でもいいけれど、雑穀ご飯もよく合います。
デザートにみかんのコンポートを添えると、満足度100パーセント。

 → → → →

ビビンバ

材料／作りやすい分量

牛そぼろ
- 牛ひき肉　100g
- サラダ油　少々
- 酒　大さじ1
- しょうゆ　大さじ1
- みりん　大さじ1/2
- 砂糖　小さじ1
- にんにくのすりおろし　少々

豆もやしのナムル
- 豆もやし　1袋
- ごま油　小さじ2
- にんにくのすりおろし　少々
- 塩　小さじ1/3
- しょうゆ　小さじ1/2
- 酢　小さじ1/2

春菊のナムル
- 春菊　小1束
- ごま油　大さじ1
- 白すりごま　大さじ1
- しょうゆ　小さじ1

にんじんのナムル
- にんじん　1本
- ごま油　大さじ1
- にんにくのすりおろし　少々
- 塩　小さじ1/2
- 白すりごま　小さじ2
- 雑穀ご飯　適量
- 松の実(ローストしたもの)　小さじ1
- コチュジャン　適量

1　牛そぼろを作る。フライパンにサラダ油を熱してひき肉を炒め、酒、しょうゆ、みりん、砂糖、にんにくを加え、汁気がなくなるまで混ぜながら煮詰める。☞前日に作りおき

2　豆もやしのナムルを作る。豆もやしは水から7～8分ゆで、水気をしっかりと絞る。ごま油、にんにく、塩、しょうゆ、酢を加えて混ぜる。☞前日に作りおき

3　春菊のナムルを作る。春菊は熱湯でさっとゆで、食べやすい長さに切って水気をしっかりと絞る。ごま油、ごま、しょうゆを加えて混ぜる。☞前日に作りおき

4　にんじんのナムルを作る。にんじんは皮をむいてせん切りにしてゆで、水気をしっかりと絞る。ごま油、にんにく、塩、ごまを加えて混ぜる。☞前日に作りおき

5　お弁当箱に雑穀ご飯を詰め、**1**、**2**、**3**、**4**をのせ、松の実を散らしてコチュジャンを添える。

みかんのコンポート

材料と作り方は p.104 参照。
☞前日に作りおき

MENU 👉
ビビンバ
　牛そぼろ
　豆もやしのナムル
　春菊のナムル
　にんじんのナムル
　雑穀ご飯
みかんのコンポート

38 鮭のり弁当

鮭弁のおいしさは、ご飯、のり、焼き鮭、磯辺揚げが揃ってこそ。
ご飯とのりは段々に重ね、その間におかか。鮭は皮までこんがり焼いて、
磯辺揚げは青のりたっぷり。野菜のおかずも添えてバランスよく。

鮭のりご飯

材料／1人分
甘塩鮭　1切れ
削り節(糸削り)　適量
しょうゆ　少々
焼きのり　適量
ご飯　適量

1　鮭は魚焼きグリルまたは焼き網で両面こんがり焼く。
2　削り節はしょうゆをたらしてしとらせる。
3　のりは手で適当な大きさにちぎる。
4　お弁当箱の半分の高さまでご飯を詰め、2の半量を散らし、3の半量を敷き詰める。さらにご飯を詰め、残りの2を散らし、3を敷き詰める。1をのせる。

ちくわの磯辺揚げ

材料／1人分
ちくわ　½本
小麦粉、冷水、青のり　各適量
揚げ油　適量

1　ちくわは半分に切り、縦半割りにする。
2　ボウルに小麦粉と冷水を同量ずつ入れて混ぜ合わせ、青のりを加える。
3　1を2にくぐらせ、180℃の揚げ油でカラリと揚げる。

ごぼうの塩きんぴら

材料／作りやすい分量
ごぼう　½本
ごま油　大さじ1
酒　大さじ1
みりん　大さじ1
塩　小さじ½
しょうゆ　少々
粉山椒　小さじ⅓

1　ごぼうは皮をこそげてささがきにし、水にさらし、水気をきる。
2　フライパンにごま油を熱してごぼうを炒め、しんなりしたら、酒、みりん、塩、しょうゆを加えて炒め合わせる。
3　水大さじ2(分量外)を加えて煮つめ、粉山椒をふって混ぜる。☞前日に作りおき

春菊のごまあえ

材料／作りやすい分量
春菊　½束
だし汁　小さじ1
しょうゆ　小さじ1
ごま油　小さじ1
白すりごま　小さじ2

1　春菊は塩少々(分量外)を加えた熱湯でさっとゆで、流水に取ってザルに上げ、水気をしっかりと絞る。
☞前日に作りおき
2　1を2cm幅に切って水気を絞り、ボウルに入れ、だし汁、しょうゆ、ごま油、ごまを加えてあえる。

 →  →  →  →  →

MENU 👉
鮭のりご飯
ちくわの磯辺揚げ
ごぼうの塩きんぴら
春菊のごまあえ

→  →  →  →  →  →

39 鮭の南蛮漬け弁当

味のしっかりしみた南蛮漬けはお弁当向き。揚げてから漬けるので
コクとうまみがあり、時間がたってもおいしい！
鮭のほか、えび、あじ、かじきなどで作るのもおすすめです。

鮭の南蛮漬け

材料／1人分
生鮭　1切れ
紫玉ねぎ　¼個
なす　½本
ピーマン　½個
塩、こしょう　各少々
小麦粉　適量
揚げ油　適量
南蛮酢
　酢　大さじ2
　しょうゆ　大さじ1½
　砂糖　大さじ1
　みりん　大さじ½
　水　大さじ1
　赤唐辛子　1本
青じそ　適量
レタスのせん切り　1枚分

1　紫玉ねぎは細めのくし形に切り、なすは乱切りにする。ピーマンは種を取って乱切りにする。
2　南蛮酢の材料はバットに入れて混ぜ合わせる。
3　鮭は3〜4等分に切って骨があれば取り除き、塩、こしょうをふり、小麦粉をまぶす。
4　揚げ油を170℃に熱し、1を順次入れてさっと揚げ、南蛮酢に入れる。続いて揚げ油に3を入れ、色づくまで揚げて中まで火を通し、南蛮酢に入れる。味がなじむまでおく。
5　お弁当箱に青じそとレタスを詰め、4を盛る。

かぼちゃのごまマヨサラダ

材料／作りやすい分量
かぼちゃ　150g
白すりごま　小さじ1
マヨネーズ　小さじ2
塩、こしょう　各少々

1　かぼちゃは種とワタを取り除き、ところどころ皮をむき、一口大に切る。ラップをしてレンジ加熱してやわらかくし、ボウルに入れてつぶす。
2　1にごま、マヨネーズ、塩、こしょうを加えて混ぜ合わせる。☞前日に**作りおき**

大根の梅酢あえ

材料／作りやすい分量
大根　10cm
梅酢　大さじ1
塩　少々

1　大根は薄い輪切りにし、塩少々（分量外）をふってもみ、水気を絞る。
2　1をボウルに入れ、梅酢を加えてあえ、塩で味を調える。☞前日に**作りおき**

MENU 👉
鮭の南蛮漬け
かぼちゃのごまマヨサラダ
大根の梅酢あえ
ご飯＋白炒りごま

オイルサーディンの蒲焼き弁当

いわしの蒲焼きをオイルサーディンで作り、丼仕立てにしたお弁当。
香味野菜を別容器に入れて持っていき、たっぷりのせて食べるのがおすすめ。
箸休めには、ホクホク食感のさつまいものレモン煮を。

 →  →  →  →

オイルサーディンの蒲焼き丼＆ゆで卵

材料／1人分
オイルサーディン　1缶
酒　大さじ1
しょうゆ　大さじ1
砂糖　小さじ2
せん切り香味野菜
　レタス　1枚
　みょうが　1本
　貝割れ菜　適量
卵　1個
青じそ　2枚
黒炒りごま　少々
ご飯　茶碗大1杯分

1　せん切り香味野菜を作る。レタス、みょうがはせん切りにし、貝割れ菜は根元を切り落として半分の長さに切る。混ぜ合わせて容器に詰める。☞前日に**作りおき**
2　卵はゆでて殻をむく。☞前日に**作りおき**
3　オイルサーディンは油をきる。
4　フライパンに酒、しょうゆ、砂糖を入れて火にかけ、煮立ったら**3**を並べ入れ、煮汁が少なくなるまで煮からめる。
5　お弁当箱にご飯を詰め、**4**をのせ、青じそを敷いてゆで卵を半分に切ってのせ、ごまをふる。**1**を一緒に持っていき、食べるときに蒲焼きにのせる。

さつまいものレモン煮

材料／作りやすい分量
さつまいも　½本
砂糖　大さじ4
みりん　大さじ1
塩　小さじ½
レモンの薄切り　2～3枚

1　さつまいもは2cm幅の輪切りにする。
2　鍋に**1**を入れ、水250㎖（分量外）、砂糖、みりん、塩、レモンを加えて火にかけ、沸騰したら弱火にし、さつまいもがやわらかくなるまで煮、煮汁につけたまま冷ます。☞前日に**作りおき**
3　半分に切って汁気をきり、お弁当箱に詰める。

MENU 👉
オイルサーディンの蒲焼き丼&ゆで卵
さつまいものレモン煮

えび卵丼弁当

えびはしっかりともんで下味をつけておくと、クセが抜けてプリッとした食感に。
卵と炒め合わせてご飯にのせれば、それだけで大満足!
作りおきの野菜おかずを添えて栄養のバランスをとります。

えび卵丼

材料／作りやすい分量
むきえび　80g
えびの下味
　塩　少々
　酒　小さじ1
　卵白　小さじ1/2
　片栗粉　小さじ2
卵　2個
しょうがのみじん切り　小さじ2
長ねぎの斜め薄切り　6cm分
グリーンピース(缶詰)　20g
サラダ油　大さじ2
酒　小さじ2
塩　小さじ1/2
こしょう　少々
ご飯　適量

1　卵はボウルに割り入れ、えびの下味用に卵白小さじ1/2を取りおき、残りはよくほぐす。
2　えびは塩、片栗粉各少々(分量外)をまぶしてもみ、洗って水気を拭く。ボウルに入れ、塩、酒、**1**で取りおいた卵白、片栗粉の順に加えてもみこみ、下味をつける。
3　フライパンにサラダ油小さじ1を熱してえびを強火で炒め、いったん取り出す。
4　**3**のフライパンにサラダ油小さじ2を足し、**1**の卵を加えて大きく混ぜながらざっと炒め、いったん取り出す。
5　**4**のフライパンに残りのサラダ油を足してしょうがを炒め、香りが立ったら長ねぎを加えてさっと炒める。
6　グリーンピースを加え、えびを戻し入れ、酒、塩、こしょうで調味する。卵を戻し入れてざっと炒め合わせる。
7　お弁当箱にご飯を詰め、**6**をのせる。

きのこのマリネ

材料／作りやすい分量
しいたけ　2〜3枚
しめじ　1パック
にんにくの薄切り　1/2かけ分
オリーブオイル　適量
酢　大さじ1
しょうゆ　大さじ1

1　しいたけは石づきを取って4等分に切り、しめじは石づきを取ってほぐす。
2　フライパンにオリーブオイル大さじ2、にんにくを入れて火にかけ、香りが立ったら**1**のきのこを加えて強火で炒める。
3　**2**を保存容器に入れ、酢、しょうゆ、オリーブオイル小さじ1を加えて混ぜ、味をなじませる。☞**前日に作りおき**

かまぼことセロリのサラダ

材料／作りやすい分量
かまぼこ　4cm
セロリ　1本
セロリの葉　適量
レモンの搾り汁　小さじ2
オリーブオイル　大さじ1
しょうゆ　小さじ1/2

1　かまぼこは薄切りにし、さらに細切りにする。
2　セロリは斜め薄切りにし、セロリの葉は刻む。ボウルに入れ、塩少々(分量外)をふり、水気が出たらしっかりと絞る。
3　**1**と**2**を合わせ、レモンの搾り汁、オリーブオイル、しょうゆを加えてあえる。☞**前日に作りおき**

牛乳かん

材料と作り方はp.106参照。
☞**前日に作りおき**

MENU
えび卵丼
きのこのマリネ
かまぼことセロリのサラダ
牛乳かん

えびカツ弁当

えびのおかずをお弁当にしたいときは、えびカツ！
むきえびで作れるから手軽だし、ボリュームも出て、ご飯にもパンにも合います。ここでは、相性のよい卵サラダとレタスを添えます。

 →  →  →

えびカツ＆スナップえんどうフライ

材料／1人分
えびカツのタネ
　むきえび　100g
　塩、こしょう　各少々
　卵白　小さじ1
　片栗粉　小さじ1
　玉ねぎのみじん切り　大さじ1
スナップえんどう　3本
小麦粉、溶き卵、パン粉　各適量
揚げ油　適量
レタス、カットレモン　適量
ウスターソース　適量

1　えびは80gを包丁でたたき、20gを粗みじん切りにする。
2　1のたたいたえびをボウルに入れ、塩、こしょう、卵白、片栗粉、玉ねぎを加えて練り混ぜる。1の粗みじん切りのえびを加え、手でまとめられるくらいのかたさに調整する。やわらかければ片栗粉少々（分量外）を足す。
3　2を2等分にし、サラダ油少々（分量外）をつけた手で丸める。小麦粉をまぶし、溶き卵、パン粉の順に衣をつける。スナップえんどうは筋を取り、小麦粉をまぶし、溶き卵、パン粉の順に衣をつける。☞前日に仕込む
4　揚げ油を170℃に熱し、3のスナップえんどうを入れてカラリと上げる。続いて、えびを入れ、きつね色にカラリと揚げる。
5　ちぎったレタス、カットレモン、ウスターソースを添える。

卵サラダ

材料／作りやすい分量
卵　1個
貝割れ菜　1/8パック
マヨネーズ　大さじ1½
塩、ウスターソース　各少々

1　卵はゆでて殻をむき、大きめに刻む。
2　貝割れ菜は根元を切り落とし、1cm長さに切る。
3　ボウルに1と2を合わせ、マヨネーズ、塩、ウスターソースを加えてあえる。☞前日に作りおき

MENU
えびカツ & スナップえんどうフライ
卵サラダ
ロールパン

フィッシュ&チップス弁当

文字通り、たらのフライとフライドポテトがメインのお弁当。
衣にコーンスターチやベーキングパウダー、炭酸水を入れることによって
サクッと軽い食べ心地になります。ディル風味のきゅうりサラダがよく合います。

 →  →  →  →

フィッシュ&チップス

材料／1人分
生たら　2切れ
たらの下味
　塩、こしょう　各少々
小麦粉　少々
衣
　小麦粉　50g
　コーンスターチ　30g
　ベーキングパウダー　小さじ½
　塩　小さじ⅓
　炭酸水(冷たいもの)　½カップ
じゃがいも　1個
揚げ油　適量
塩　少々
マヨネーズ、モルトビネガー　各適量

1　たらは皮を取り除いて大きめのそぎ切りにし、塩、こしょうをふって下味をつけ、薄く小麦粉をまぶす。
2　じゃがいもは皮つきのまま太めの拍子木切りにし、水からゆで、ザルに上げて水気をきる。
3　衣を作る。小麦粉、コーンスターチ、ベーキングパウダーを合わせてふるい、ボウルに入れ、塩を加え、炭酸水を加えて混ぜる。
4　揚げ油を180℃に熱し、2のじゃがいもを入れてカリッときつね色に揚げる。続いて1のたらを3の衣にくぐらせて入れ、色づくまで揚げて中まで火を通す。
5　じゃがいもには塩をふり、たらにはマヨネーズ、モルトビネガーを添える。

きゅうりのディルサラダ

材料／作りやすい分量
きゅうり　2本
玉ねぎ　⅛個
ディル　3本
ドレッシング
　酢　小さじ2
　塩　小さじ½
　こしょう　少々
　オリーブオイル　大さじ2

1　きゅうりは縞目に皮をむき、1cm幅の輪切りにする。玉ねぎはみじん切りにし、ディルは葉を摘んで刻む。
2　ドレッシングを作る。ボウルに酢、塩、こしょうを入れて混ぜ、オリーブオイルを加えて混ぜ合わせる。
3　2に1を加えてあえる。☞前日に作りおき

MENU 👉
フィッシュ&チップス
きゅうりのディルサラダ
好みのパン

サラダ弁当

最近ちょっと野菜不足かも……、そんなときにおすすめのベジ弁当。
といっても、体に必要な栄養はしっかりととりたいので、
作りおきのできるサラダと生野菜、フルーツとパンを詰め合わせます。

豆のサラダ

材料／作りやすい分量
ミックスビーンズ(ドライパック)　120g
白いんげん豆(水煮缶)　60g
セロリのみじん切り　大さじ2
玉ねぎのみじん切り　大さじ1
ハムのみじん切り　1枚分
ドレッシング
　オリーブオイル　大さじ2
　赤ワインビネガー　小さじ2
　塩　小さじ1/3
　こしょう　少々

1　ボウルにドレッシングの材料を入れて混ぜ合わせる。
2　1にミックスビーンズ、白いんげん豆、セロリ、玉ねぎ、ハムを加えて混ぜ合わせる。☞前日に作りおき

さやいんげんの
マスタードヨーグルトサラダ

材料／作りやすい分量
さやいんげん　20本
玉ねぎのみじん切り　大さじ2
ドレッシング
　粒マスタード　小さじ1
　プレーンヨーグルト　大さじ1
　塩　小さじ1/3
　こしょう　少々
　オリーブオイル　小さじ1

1　さやいんげんは熱湯でさっとゆで、水気をきって食べやすい長さに切る。
2　ボウルにドレッシングの材料を入れて混ぜ合わせ、1と玉ねぎを加えてあえる。☞前日に作りおき

紫キャベツのサラダ

材料／作りやすい分量
紫キャベツ　小1/2個
赤ワインビネガー　大さじ1
塩　小さじ1/2
オリーブオイル　大さじ1

1　紫キャベツは細切りにし、熱湯でさっとゆで、ザルに上げて水気をきり、粗熱が取れたら水気を絞る。
2　ボウルに1を入れ、赤ワインビネガー、塩、オリーブオイルの順に加えて混ぜる。☞前日に作りおき

じゃがいものシンプルサラダ

材料／作りやすい分量
じゃがいも　2個
オリーブオイル　大さじ2
塩　小さじ1/2
こしょう　少々
レモンの搾り汁　小さじ2
パセリのみじん切り　適量

1　じゃがいもは皮つきのまま水からゆで、やわらかくなったらザルに上げ、熱いうちに皮をむいて軽くつぶす。
2　オリーブオイル、塩、こしょう、レモンの搾り汁、パセリの順に加えて混ぜる。☞前日に作りおき

サニーレタス＆トマト

材料／1人分
サニーレタス　適量
トマト　1/4個

1　サニーレタスは食べやすい大きさにちぎり、トマトはくし形に切る。

MENU 👉

豆のサラダ
さやいんげんのマスタードヨーグルトサラダ
紫キャベツのサラダ
じゃがいものシンプルサラダ
サニーレタス＆トマト
カットグレープフルーツ
好みのパン

 →  →  →  →  →

45 和風カポナータ弁当

いつものカポナータに鶏肉をプラスし、だし汁としょうゆベースの和風味に仕上げるのがポイント。野菜が無理なくたくさんとれるのがうれしい！箸休めにごま酢あえ、主食に塩むすびを持っていきます。

 →  →

和風カポナータ

材料／作りやすい分量
なす　1本
赤ピーマン　1個
玉ねぎ　¼個
かぼちゃ　正味80g
にんにく　1かけ
ミニトマト　4〜5個
鶏もも肉　80〜100g
小麦粉　適量
オリーブオイル　大さじ2
だし汁　¼カップ
レモンの搾り汁　大さじ1
しょうゆ　大さじ2
塩、黒こしょう　各少々
砂糖　小さじ1

1　なす、赤ピーマンは一口大の乱切りにする。玉ねぎは細めのくし形に切る。かぼちゃは耐熱容器に入れて水少々(分量外)を加え、ラップをふんわりとかけて約2分レンジ加熱する。にんにくは薄切りにする。ミニトマトはヘタを取って半分に切る。
2　鶏肉は小さめの一口大に切って塩、こしょうをふり、小麦粉をまぶす。
3　フライパンにオリーブオイル、にんにくを入れて熱し、にんにくの香りが立ったら鶏肉を入れて焼く。ミニトマト以外の野菜を加えて炒め合わせ、ふたをしてごく弱火で蒸し煮にし、鶏肉に火を通す。
4　鍋にだし汁、レモンの搾り汁、しょうゆ、こしょう、砂糖を入れて一煮立ちさせ、熱いうちに3を加えて味をなじませ、ミニトマトを加える。☞前日に作りおき

きゅうりのごま酢あえ

材料／作りやすい分量
きゅうり　1本
ごま酢
　白すりごま　大さじ1
　だし汁　小さじ½
　酢　大さじ½
　砂糖　大さじ½
　しょうゆ　少々
ごま油　小さじ1

1　きゅうりは薄切りにし、塩少々(分量外)をふって手でもみ、水気をしっかりと絞る。
2　ボウルにごま酢の材料を混ぜ合わせ、1を加えてあえ、ごま油を加えて香りをつける。☞前日に作りおき

塩むすび

材料／1人分
ご飯　茶碗大1杯分
塩　少々

1　ご飯は手塩をつけて三角にむすぶ。

MENU
和風カポナータ
きゅうりのごま酢あえ
塩むすび

ニース風サラダ弁当

発芽玄米ご飯、押し麦を使ったニース風サラダが主役。
手作りのアンチョビードレッシングがおいしさの決め手です。
ツナや卵、野菜も入っているから、これだけで大満足すること、間違いなし。

ニース風サラダ

材料／1人分
発芽玄米ご飯　茶碗2杯分
押し麦　大さじ3
ツナ缶　1/2缶
さやいんげん　7～8本
玉ねぎ　1/4個
ケイパー　大さじ1
アンチョビードレッシング
　アンチョビー　1缶
　にんにくのすりおろし　少々
　白ワインビネガー　小さじ2
　オリーブオイル　大さじ3
　塩、こしょう　各少々
卵　1個
ミニトマト　1～2個
サラダ菜　適量
黒オリーブ　4～5個

1　押し麦はゆでてザルに上げ、発芽玄米ご飯に混ぜ、バットなどに広げて冷ます。
2　ツナはざっとほぐして油をきる。さやいんげんはゆでて水気をきり、1～2cm長さに切る。玉ねぎは5mm角に切る。
3　アンチョビードレッシングを作る。アンチョビーはみじん切りにし、ほかの材料を加えて混ぜ合わせる。
4　1に2、3、ケイパーを加えてあえる。☞前日に作りおき
5　卵はゆでて殻をむく。☞前日に作りおき
6　ミニトマトはヘタを取って半分に切る。
7　お弁当箱にサラダ菜を敷いて4を詰め、6と黒オリーブを散らし、ゆで卵をくし形に切ってのせる。

オレンジ＆キウイ

材料／1人分
オレンジ、キウイ　各適量

1　オレンジ、キウイともに皮をむき、食べやすい大きさに切る。

MENU ☞
ニース風サラダ
オレンジ＆キウイ

焼きビーフン弁当

汁気が少なく、時間がたってものびにくい焼きビーフンは、お弁当向き。
シンプルな味つけにすると、飽きずにモリモリ食べられます。
シャッキリとしたサラダと牛乳かんを添えて、味のバランスをとります。

 →  →

焼きビーフン

材料／1人分

ビーフン(乾燥) 50g
豚バラ薄切り肉 50g
干しえび 小さじ1
しいたけ 1枚
玉ねぎ 1/8個
にんじん 3cm
キャベツ 1枚
サラダ油 大さじ1
酒 少々
塩 小さじ1/3
しょうゆ 大さじ1
こしょう 少々
ごま油 小さじ1

1　ビーフンはぬるま湯につけて戻し、食べやすい長さに切る。
2　干しえびはぬるま湯につけて戻し、粗みじん切りにする。
3　豚肉は細切りにし、しいたけは石づきを取って薄切りにする。玉ねぎは薄切りにし、にんじんは皮をむいて細切りにし、キャベツも細切りにする。
4　フライパンにサラダ油を熱して干しえびを炒め、3を加えてさらに炒め、酒をふり、水1/4カップ(分量外)を入れて煮立て、塩、しょうゆ、こしょうを加える。
5　4に1を加え、汁気がなくなるまで炒め合わせる。仕上げにごま油を回しかける。

ゆで鶏ときゅうりのサラダ

材料／1人分

鶏胸肉 80g
セロリ 1/4本
ドレッシング
　しょうゆ 小さじ2/3
　酢 小さじ1
　練り辛子 小さじ1/2
　ごま油 小さじ2

1　鶏肉は酒小さじ1(分量外)を加えた熱湯に入れてふたをし、火を止めて30分ほどおいて余熱で中まで火を通す。粗熱が取れたら細くさく。
2　セロリは斜め薄切りにし、塩少々(分量外)をまぶし、しんなりしたら水気をギュッと絞る。
3　1と2を混ぜ合わせる。☞前日に作りおき
4　ドレッシングの材料を混ぜ合わせ、3に加えてあえる。

キウイのせ牛乳かん

材料と作り方はp.106参照。
☞前日に作りおき
キウイのいちょう切り1枚をのせる。

MENU
焼きビーフン
ゆで鶏ときゅうりのサラダ
キウイのせ牛乳かん

牛肉ピーマン炒めの焼きそば弁当

中華麺はフライパンに焼きつけながら両面カリッと焼き上げ、お弁当箱へ。
具は、牛肉とピーマンをオイスターソースで炒め、麺の上にのせます。
この方法だと麺がのびず、冷めてもおいしいまま。箸休めに野菜のおかずを少し。

 →  →  →

牛肉ピーマン炒めの焼きそば

材料／1人分
中華蒸し麺　1玉
サラダ油　大さじ1
牛肉ピーマン炒め
　牛もも薄切り肉　80g
　牛肉の下味
　　酒、しょうゆ　各少々
　片栗粉　少々
　ピーマン（緑、赤）　各½個
　しょうがのみじん切り　小1かけ分
　サラダ油　大さじ1
　酒、しょうゆ　各少々
　オイスターソース　小さじ½
　水溶き片栗粉　片栗粉小さじ⅓＋水小さじ1
　ごま油　少々

1　中華蒸し麺は袋の口を開け、袋ごと約1分レンジ加熱して温める。
2　フライパンにサラダ油を熱し、**1**の中華蒸し麺をざっとほぐして入れ、フライパンに押しつけながら焼き、両面カリッと焼き上げる。取り出して4等分に切り目を入れ、冷ます。
3　牛肉ピーマン炒めを作る。牛肉は繊維に沿って細切りにし、下味の材料をもみこみ、片栗粉をまぶす。ピーマンは細切りにする。
4　フライパンにサラダ油小さじ2を熱してピーマンをさっと炒め、いったん取り出す。
5　**4**のフライパンにサラダ油小さじ1を足し、牛肉としょうがを入れて炒め、ピーマンを戻し入れ、酒、しょうゆ、オイスターソースを加えて炒め合わせる。水¼カップ（分量外）を加え、水溶き片栗粉でとろみをつけ、ごま油をふって香りをつける。
6　お弁当箱に**2**を入れ、**5**をのせる。

ゆでブロッコリー

材料／作りやすい分量
ブロッコリー　½個

1　ブロッコリーは小房に分け、塩少々（分量外）を加えた熱湯でゆで、ザルに上げて水気をきる。☞前日に作りおき

大根の中国風ピクルス

材料／作りやすい分量
大根　¼本
漬け汁
　花椒（ホワジャオ）　少々
　しょうがのせん切り　1かけ分
　赤唐辛子　1本
　水　¼カップ
　しょうゆ　大さじ2
　酢　大さじ1
　砂糖　大さじ2

1　大根は皮をむいて薄い輪切りにし、塩少々（分量外）をまぶし、水気をギュッと絞る。
2　漬け汁を作る。鍋につぶした花椒を入れて炒り、香りが立ったら、しょうが、赤唐辛子、水を加えて2～3分煮立て、しょうゆ、酢、砂糖を加えて混ぜる。
3　**1**をボウルに入れ、**2**をかけて味をなじませる。
☞前日に作りおき

MENU
牛肉ピーマン炒めの焼きそば
ゆでブロッコリー
大根の中国風ピクルス

バンバンジー麺弁当

中華麺はゆでたら塩、こしょう、ごま油をあえておくのがポイント。
きゅうりは種をとっておくと、水気が出ません。
食べるときに自家製練りごまだれをかけて全体にからめていただきます。

バンバンジー麺

材料／1人分
鶏もも肉　1/2枚
練りごまだれ(作りやすい分量)
　練りごま　小さじ2
　水　小さじ1
　花椒(ホワジャオ)　小さじ1/4
　砂糖　大さじ1
　しょうゆ　大さじ1 1/2
　酢　小さじ1
　ラー油　少々
　しょうがのみじん切り　小さじ1
　にんにくのみじん切り　小さじ1
きゅうり　1/2本
中華生麺　1玉
ごま油、塩、こしょう　各少々
香菜　適量

1　鶏肉は酒小さじ1(分量外)を加えた熱湯に入れてふたをし、火を止めて30分ほどおいて余熱で中まで火を通す。使うまでゆで汁の中に入れておく。
☞**前日に作りおき**
2　練りごまだれの材料は混ぜ合わせる。☞**前日に作りおき**
3　きゅうりは縦半割りにし、スプーンなどで種を取り除き、めん棒などでたたく。塩少々(分量外)をまぶしてもむ。
4　中華生麺はゆで、ごま油、塩、こしょうをふってあえる。
5　お弁当箱に4を詰め、1の鶏肉をそぎ切りにしてのせ、3を添えて香菜を飾る。練りごまだれは別容器に入れて持っていき、食べるときにかけて全体に混ぜる。

トマトの黒酢あえ

材料／1人分
トマト　小1個
黒酢　小さじ1
しょうゆ　小さじ1
ごま油　小さじ1

1　トマトは細めのくし形切りにする。
2　1をボウルに入れ、黒酢、しょうゆ、ごま油を加えてあえる。

MENU
バンバンジー麺
トマトの黒酢あえ

ジャージャー麺弁当

ジャージャーだれは合いびき肉と野菜をたっぷりと使い、ちょっとピリ辛ながらライトな食べ心地。ここではゆでうどんと組み合わせて、お弁当に仕立てます。ゆで卵、きゅうりが入るとおいしさ倍増。口直しにはりんごを。

 →  →  →

ジャージャー麺

材料／1人分
ジャージャーだれ(作りやすい分量)
　合いびき肉　200g
　セロリ　1/2本
　しいたけ　2枚
　長ねぎ　1/4本
　しょうが　1かけ
　サラダ油　大さじ1
　豆板醤　小さじ1 1/2
　酒　大さじ1
　しょうゆ　大さじ1
　みそ　大さじ2
　砂糖　小さじ2
　水　1/2カップ
　水溶き片栗粉　小さじ1/2
卵　1個
きゅうり　1/3本
長ねぎ　3cm
うどん(ゆでたもの)　1玉
ごま油　少々

1　ジャージャーだれを作る。セロリ、しいたけは3〜4mm角に切る。長ねぎ、しょうがはみじん切りにする。
2　フライパンにサラダ油を熱してしょうがを炒め、香りが立ったら長ねぎを加えてさらに炒め、セロリ、しいたけ、ひき肉を加えて炒め合わせる。
3　全体にしんなりしたら豆板醤を加えて炒め、香りが立ったら酒、しょうゆ、みそ、砂糖を加えてさらに炒める。
4　分量の水を加えて1〜2分煮つめ、水溶き片栗粉を加えてとろみをつける。☞前日に**作りおき**
5　卵はゆでて殻をむく。☞前日に**作りおき**
6　きゅうりは斜め薄切りにしてから縦せん切りにする。長ねぎはきゅうりと同じくらいの長さのせん切りにする。
7　うどんはさっと湯通しして水気をしっかりときり、ごま油をまぶす。
8　7にジャージャーだれ適量をあえてお弁当箱に詰め、ゆで卵を輪切りにしてのせ、きゅうりと長ねぎを添える。食べるときに全体に混ぜる。

りんご

材料／1人分
りんご　1/4個

1　りんごはくし形に切って芯と種の部分を除き、皮にV字の切り込みを入れ、お尻の方から皮をむいて皮を切り取る。
2　薄い食塩水またはレモン水(各分量外)にしばらく浸し、水気をきる。

MENU ☞
ジャージャー麺
りんご

和風きのこパスタ弁当

パスタをお弁当に持っていきたい、そんなときはショートパスタがおすすめ。
ロングパスタよりのびにくく、ソースもからまりやすいから。
ここではきのこを使ったしょうゆ味レシピを紹介。 少し濃いめの味に仕上げます。

和風きのこパスタ

材料／1人分

ショートパスタ(フジッリ)　100g
しめじ　1パック
しいたけ　2枚
にんにく　1かけ
赤唐辛子　1本
ベーコン　60g
オリーブオイル　大さじ2
白ワイン　大さじ1
バター　小さじ1
塩　小さじ1/4
しょうゆ　小さじ1

1　鍋にたっぷりの湯を沸かし、塩少々（分量外）を加え、ショートパスタを入れてゆではじめる。
2　しめじは石づきを取ってほぐし、しいたけは石づきを取って4等分に切る。にんにくはみじん切りにし、赤唐辛子は種を取る。ベーコンは細切りにする。
3　フライパンにオリーブオイルとにんにく、ベーコンを入れて火にかけ、ゆっくりと炒め、香りが立ったら、赤唐辛子、しめじ、しいたけを加え、強火で全体がしんなりとするまで炒める。
4　白ワインをふって強火で煮つめ、1のゆで汁大さじ3とバターを加え、フライパンをゆすってなじませる。
5　1がゆで上がったらゆで汁をきって4に加えて混ぜ合わせ、塩、しょうゆで味を調える。

れんこんのレモンサラダ

材料／作りやすい分量

れんこん　小1節
レモンの搾り汁　小さじ2
オリーブオイル　大さじ2
塩　小さじ1/2
しょうゆ　少々
レモンの皮のすりおろし　1/2個分

1　れんこんは皮をむいて薄い半月切りにし、水にさらす。鍋に湯を沸かして酢少々（分量外）を加え、水気をきったれんこんを入れてさっとゆで、ザルに上げ、洗ってぬめりを取る。
2　ボウルにレモンの搾り汁、オリーブオイル、塩、しょうゆを入れて混ぜ合わせ、1を加えてあえ、レモンの皮のすりおろしを加えて混ぜる。☞前日に作りおき
3　汁気をきってお弁当箱に詰める。

MENU ☞
和風きのこパスタ
れんこんのレモンサラダ

トマトソースペンネ弁当

トマトソースは簡単に作れるお弁当バージョン。ゆでたてのペンネを加えてあえるだけのシンプルなパスタです。おかずはスペイン風オムレツ。じゃがいもと玉ねぎが入った厚焼きだから、肉や魚がなくても十分です。

トマトソースペンネ

材料／1人分
簡単トマトソース(作りやすい分量)
　トマトホール缶　1缶
　塩　小さじ1
　オリーブオイル　大さじ3
ペンネ　80g
バジル　2～3枚

1　トマトソースを作る。トマト缶はザルで漉してフライパンに入れ、強火で5～6分煮つめ、塩、オリーブオイルを加えて混ぜる。☞前日に作りおき
2　鍋にたっぷりの湯を沸かし、塩少々(分量外)を加え、ペンネを入れてゆで、ザルに上げる。
3　フライパンに1のトマトソース⅔カップを入れて温め、2を加えてからめる。バジルを散らす。

りんごとかぶのサラダ

材料／作りやすい分量
りんご　¼個
かぶ　1個
ドレッシング
　プレーンヨーグルト　大さじ1
　マヨネーズ　大さじ1
　オリーブオイル　小さじ½
　塩　小さじ⅓
　こしょう　少々

1　りんごはくし形に切って芯と種の部分を除き、いちょう切りにする。かぶはりんごと同じくらいの大きさに切り、塩少々(分量外)でもんで水気を絞る。
2　ボウルにドレッシングの材料を入れて混ぜ合わせ、1を加えてあえる。

じゃがいもと玉ねぎのスペイン風オムレツ

材料／作りやすい分量
じゃがいも　大1個
玉ねぎ　¼個
卵　3個
塩　小さじ¼
オリーブオイル　大さじ4

1　じゃがいもは皮をむいて薄切りにし、玉ねぎは1cm角に切る。
2　フライパンにオリーブオイル大さじ1を熱して玉ねぎを炒め、しんなりして透明になったらいったん取り出す。
3　2のフライパンにオリーブオイル大さじ2を足し、じゃがいもを入れて揚げ焼きする。中まで火が通ってやわらかくなったら玉ねぎを戻し入れてざっと混ぜ、ペーパータオルを敷いたバットにとって軽く油をきる。
4　ボウルに卵を割りほぐし、塩と3を加え、じゃがいもが少しつぶれるように混ぜる。
5　小さめのフライパンにオリーブオイル大さじ1を入れてなじませ、4をいっきに流し入れて、火を強めて全体に混ぜ、かたまってきたら火を弱めて焼く。底面に焼き色がついたら皿などをかぶせてひっくり返し、そのままフライパンに戻し入れて裏面も焼く。何度か繰り返して中までしっかりと火を通す。
6　冷めてから6等分に切り分ける。☞前日に作りおき

MENU 👉
トマトソースペンネ
じゃがいもと玉ねぎのスペイン風オムレツ
りんごとかぶのサラダ

ホットドッグ弁当

これだけで満足したい、だからザワークラウトをたっぷりはさみます。
代わりに添えるのは、あったかスープ。かぼちゃを使って濃縮スープを作り、
保存容器に入れて持って行き、食べるときにカップに移して湯を注ぎます。

 →  →

ザワークラウトホットドッグ

材料／1人分
ソーセージ　4本
手作りザワークラウト(作りやすい分量)
　キャベツ　½個
　オリーブオイル　大さじ1
　水　大さじ1½
　塩　小さじ½
　マスタードシード　大さじ½
　フェンネルシード　小さじ1
　白ワインビネガー　大さじ1～1½
ドッグパン　2本
辛子バター
　練り辛子　小さじ⅓
　バター（室温に戻したもの）　大さじ1
パセリ、トマトケチャップ　各適量

1　手作りザワークラウトを作る。キャベツはせん切りにしてオリーブオイルとともに鍋に入れて火にかけ、少ししんなりとするまで炒める。分量の水を加え、ふたをして弱火で10分ほど蒸し煮する。
2　1に塩、マスタードシード、フェンネルシードを加え、ふたをしないで15分ほど煮、白ワインビネガーを加えてさっと煮る。☞前日に作りおき
3　ソーセージは熱湯でゆで、ゆで汁をきる。
4　ドッグパンに縦に切り込みを入れ、辛子バターの材料を混ぜ合わせてぬる。ザワークラウトとソーセージをはさみ、パセリを飾る。トマトケチャップを添える。

かぼちゃのポタージュ

材料／作りやすい分量
かぼちゃ（種とワタ、皮を除いたもの）
　正味100g
バター　10g
塩　適量

1　かぼちゃは薄切りにして鍋に入れ、バター、水¼カップ(分量外)、塩少々を加えてふたをし、弱火で10～15分蒸し煮にする。
2　1を煮汁ごとミキサーまたはフードプロセッサーに入れて撹拌し、なめらかにする。塩小さじ1を加え混ぜる。☞前日に作りおき
3　保存容器に入れて持っていき、食べるときに紙カップなどに移して湯適量(分量外)を注いで混ぜる。

MENU 👉
ザワークラウトホットドッグ
かぼちゃのポタージュ

54 ベジサンド弁当

今日は軽めのランチにしておきたい、そんなときのサンドイッチ弁当。
具は、作りおきのキャロットラペ、超薄切りにするだけのきゅうり。
濃縮スープは、熱湯を注げば温かいポタージュ、牛乳を加えればヴィシソワーズ。

にんじんサンドイッチ

材料／1人分
キャロットラペ(作りやすい分量)
　にんじん　2本
　フレンチマスタード　小さじ1
　塩　小さじ½
　こしょう　少々
　砂糖　小さじ¼
　赤ワインビネガー　小さじ2
　オリーブオイル　大さじ2
サンドイッチ用食パン(黒、キャラウェイシード入り)　2枚
辛子バター
　練り辛子　小さじ⅓
　バター(室温に戻したもの)　大さじ1

1　キャロットラペを作る。にんじんは皮をむいてせん切りにし、塩小さじ⅓(分量外)をまぶして少しおく。
2　ボウルにフレンチマスタード、塩、こしょう、砂糖を入れて混ぜ、赤ワインビネガーを加えてさらに混ぜ、オリーブオイルを少しずつ加えながら混ぜ合わせる。
3　1のにんじんから出た水気を軽く絞り、2に加えてあえる。☞前日に作りおき
4　食パンの片面に辛子バターの材料を混ぜ合わせてぬり、3をサンドする。
5　上から少し手で押さえるようにして、さらにラップにぴっちりと包んで冷蔵庫で10分ほど落ち着かせ、食べやすい大きさに切り分ける。

きゅうりサンドイッチ

材料／1人分
きゅうり　1本
サンドイッチ用食パン　2枚
バター(室温に戻したもの)　大さじ1
マヨネーズ　大さじ2
練り辛子　小さじ½

1　きゅうりはパンの長さに合わせて切り、さらに薄切りにする。
2　食パンの片面にバターをぬり、マヨネーズと練り辛子を混ぜ合わせてぬる。きゅうりを少しずつ重ねながらぴっちりと並べてサンドする。
3　上から少し手で押さえるようにして、さらにラップにぴっちりと包んで冷蔵庫で10分ほど落ち着かせ、食べやすい大きさに切り分ける。

じゃがいものポタージュ

材料／作りやすい分量
じゃがいも　2個
長ねぎ　1本
鶏ガラスープの素　小さじ½
バター　30g
塩　適量
牛乳　大さじ1

1　じゃがいもは皮をむいていちょう切りにし、水にさらす。長ねぎは小口切りにする。
2　鶏ガラスープの素は水1カップ(分量外)で溶く。
3　鍋にバターを熱して長ねぎを炒め、しっとりとしたら、水気をきったじゃがいもを加えてさっと炒める。2と塩少々を加えてふたをし、じゃがいもがやわらかくなるまで15〜20分蒸し煮にする。
4　3を煮汁ごとミキサーまたはフードプロセッサーに入れて撹拌し、なめらかにし、牛乳と塩小さじ1を加えて混ぜる。☞前日に作りおき
5　保存容器に入れて持っていき、食べるときに紙カップなどに移して湯または冷たい牛乳適量(分量外)を注いで混ぜる。

MENU 👉
にんじんサンドイッチ
きゅうりサンドイッチ
きゅうりのピクルス
じゃがいものポタージュ

ミートパイ弁当

フィリングを作るのはちょっと手間がかかりますが、まとめて仕込んでおけば朝食にもおやつにも使えるから便利。冷凍パイシートでも、味わい本格派！別容器にサラダを詰めると、好きなだけ持っていけるのがうれしい！

ミートパイ

材料／1人分

フィリング(作りやすい分量)
- 豚ひき肉　150g
- 鶏レバー　100g
- 玉ねぎ　¼個
- にんにく　1かけ
- マッシュルーム　4個
- パセリのみじん切り　大さじ3
- セージのみじん切り　大さじ1
- ナツメグ　小さじ¼
- シナモン　小さじ¼
- こしょう　少々
- 塩　小さじ1½
- 卵　1個
- オリーブオイル　大さじ1

冷凍パイシート　20cm四方のもの1枚
溶き卵　適量

1　フィリングを作る。鶏レバーは氷水に10分ほどつけ、筋や血合いなどを取り除き、みじん切りにする。玉ねぎ、にんにくはみじん切りにし、マッシュルームも石づきを取ってみじん切りにする。

2　ボウルにオリーブオイル以外のフィリングの材料すべてを入れ、よく練り混ぜる。

3　フライパンにオリーブオイルを熱して2を入れ、半分ほど火が入る程度にさっと炒め、バットなどに取り出す。

4　パイシートは十字に4等分に切り、そのうち2枚の真ん中にフィリングを適量ずつのせ、パイシートの縁に溶き卵をぬり、残りのパイシートをそれぞれかぶせる。手でしっかりと押さえてくっつけ、さらにフォークなどで押さえて留める。表面に溶き卵をぬる。真ん中にナイフで空気穴をあける。☞前日に仕込む

5　オーブンシートを敷いた天板にのせ、200℃のオーブンで20分ほど焼く。冷めてから半分に切る。

ほうれん草とカリカリベーコンのサラダ

材料／1人分
- サラダほうれん草　1パック
- ベーコン　2枚
- クルミ(炒ったもの)　小さじ2

シンプルドレッシング
- 赤ワインビネガー　小さじ2
- 塩　小さじ½
- こしょう　少々
- オリーブオイル　大さじ2

1　サラダほうれん草は洗って水気をきる。

2　ベーコンは刻み、フライパンに入れてカリカリになるまで焼き、ペーパータオルの上にあけ、脂をきる。クルミは粗く刻む。

3　保存容器に1と2を入れる。ドレッシングは材料を混ぜ合わせて別容器に入れる。☞前日に作りおき

4　保存容器ごとお弁当に持っていき、食べるときにドレッシングをかけて混ぜる。

MENU 👉
ミートパイ
ほうれん草とカリカリベーコンのサラダ

みかんのコンポート

甘味

下ごしらえのいらない温州みかんを丸ごとコンポートにした、
お弁当向きの甘味。八角とシナモン、アマレットの香りを利かせるのが坂田流。
アマレットはアーモンドのような香りのリキュール。量は好みで加減します。

材料／作りやすい分量
みかん　6個
マリネ液
　八角　1個
　シナモンスティック　1本
　水　1カップ
　白ワイン　½カップ
　グラニュー糖　100g
　アマレット　小さじ1

1　みかんは皮をむき、白い筋もできるだけきれいにむき取る。
2　マリネ液のシナモンスティックは半分に割る。
3　鍋にマリネ液の材料を入れて火にかけ、煮立ったらみかんを加え、弱火で30分ほど煮る。
4　火を止めてアマレットを加え、粗熱が取れたら保存容器に入れ、冷蔵庫で1時間以上冷やす。

57 フルーツポンチ

甘味

手に入りやすいフルーツとフルーツ缶を取り合わせた
ちょっぴり懐かしい味わいの甘味。リキュールは、コアントロー、
グランマルニエ、キルシュなど好みのもので OK です。

材料／作りやすい分量

パイナップル　¼個分
キウイ　1個
りんご　1個
白桃(缶詰)　1缶(170g)

シロップ

　水　½カップ
　白桃(缶詰)の缶汁　½カップ
　グラニュー糖　60g
　レモンの搾り汁　大さじ1
　好みのリキュール　少々

1 パイナップルは皮と芯を除き、1cm厚さのいちょう切りにする。キウイも皮をむいて1cm厚さのいちょう切りにする。りんごは皮つきのまま芯と種を除き、いちょう切りにする。白桃も同じくらいの大きさに切る。

2 鍋にシロップの材料を入れて一煮立ちさせ、火を止めて粗熱を取る。保存容器に移して冷蔵庫で冷やす。

3 2が冷えたら1を加え、さらに1時間以上冷やす。

甘味

牛乳かん

牛乳、砂糖、寒天で作る、とってもシンプルで飽きのこない甘味。
小さい容器に1人分ずつ流してかため、そのまま持っていきます。
お弁当用に少しかために作るのがポイント。お弁当の口直しにぴったりです。

材料／作りやすい分量
牛乳 2カップ
粉寒天 4g
砂糖 60g

1 鍋に牛乳と水1カップ（分量外）を入れて火にかけ、煮立ったら粉寒天を加えて煮溶かす。
2 1に砂糖を加えて溶かし、いったん漉す。
3 1人分ずつの容器に流し入れ、そのまま少しおいてかたまってきたら、冷蔵庫で冷やして完全にかためる。

59 大学いも

甘味

さつまいもをきつね色に焼き、それからキャラメルとバターをからめた、簡単バージョンの大学いも。お弁当箱に入れることを考えて乱切りではなく半月切りに。ほっとなごむ味わいです。

材料／作りやすい分量
さつまいも　1本
サラダ油　大さじ2
塩　小さじ½
砂糖　大さじ4
バター　大さじ2
白炒りごま　適量

1　さつまいもは皮つきのまま6〜7mm厚さの半月切りにする。細いところは輪切りでよい。
2　フライパンにサラダ油を熱し、さつまいもを両面こんがりと焼く。
3　2に水をひたひたに加え、塩、砂糖を加えて中火で煮、水気が少なくなってキャラメル状に煮つまってきたら、フライパンをゆするようにしながらバターを加え、溶かしながら混ぜる。全体に糸が引いてくるまで煮つめる。
4　ごまを加えてざっと混ぜる。

行楽

おむすび弁当

おむすびは三角、太鼓、俵形の3種、見た目に違うとちょっとワクワクします。
おかずには、定番人気の鶏のから揚げ、厚焼き卵、青菜のあえもの。
から揚げは胸肉、もも肉、手羽先と部位の違うものを用意するのが坂田流です。

MENU ☞
おむすび
　塩むすび
　漬けものむすび
　梅のりむすび
鶏のから揚げ
ねぎ入り厚焼き卵
菜の花の
　だしオイルあえ

おむすび

材料／4〜5人分
ご飯(温かいもの)　4合分
塩、白炒りごま　各適量
高菜漬け　1〜2枚
梅干し　大2個
焼きのり　1枚

1　塩むすびを作る。ご飯に手塩をつけて三角にむすび、ごまをふる。これを5つ作る。
2　漬けものむすびを作る。高菜漬けを5等分にする。ご飯を太鼓にむすび、高菜漬けで包む。これを5つ作る。
3　梅のりむすびを作る。梅干しは種を取って果肉を小さくちぎり、ご飯に混ぜる。のりは帯状に切る。ご飯に手塩をつけて俵形にむすび、のりを巻く。

ねぎ入り厚焼き卵

材料／4〜5人分
卵　8個
砂糖　大さじ4
しょうゆ　小さじ1
塩　小さじ2/3
万能ねぎ　8〜10本
サラダ油　適量

1　卵はボウルに割り入れ、白身を切るように溶きほぐし、砂糖、しょうゆ、塩を加えて混ぜる。万能ねぎを小口切りにして加え、混ぜる。
2　卵焼き器を熱してサラダ油少々をなじませ、卵液を薄めに流し入れる。半熟くらいにかたまってきたら奥から手前に巻き込む。
3　2の卵を奥に寄せ、卵焼き器の空いたところにサラダ油をぬり、卵液を薄めに流し入れる。奥の卵焼きを持ち上げて下にも卵液を流す。半熟くらいにかたまってきたら奥の卵焼きを芯にして手前に巻き込む。同様にして全部の卵液を流して焼き、厚焼き卵を作る。
4　卵焼き器から取り出して冷まし、食べやすい大きさに切る。

鶏のから揚げ

材料／4〜5人分
鶏胸肉、鶏もも肉　各300g
鶏手羽先　5本
ごま油　大さじ1
鶏肉の下味
　にんにくのすりおろし
　　小1かけ分
　しょうがのすりおろし　1かけ分
　しょうゆ　大さじ2 1/2
　塩　小さじ1/2
　砂糖　小さじ1
　酒　大さじ2
小麦粉　大さじ3
片栗粉　適量
揚げ油　適量

1　胸肉ははみ出した皮は切り落とし、縦半分に切り、5〜6等分の大きめのそぎ切りにし、ごま油をもみこむ。もも肉も余分な皮を切り落とし、筋と目立つ脂を取り除き、大きめの一口大に切る。手羽元は火が通りやすいように骨の両脇に切り込みを入れる。
2　バットに下味の材料を入れて混ぜ合わせ、1を加えて手でよくもむ。☞前日に仕込む
3　2に小麦粉を加え、全体に少し粘りが出るようになるまで混ぜ、ひとつずつ片栗粉をまぶす。
4　揚げ油を170℃に熱し、3を入れ、ゆっくりと揚げていく。表面が少しかたまって薄く色がついてきたら上下を返し、これを何度か繰り返す。最後に強火にして温度を上げ、きつね色にカラリと揚げる。

菜の花のだしオイルあえ

材料／4〜5人分
菜の花　3束
だし汁　1カップ
薄口しょうゆ　小さじ2
塩　小さじ1/3
オリーブオイル　大さじ1

1　菜の花は根元に近いかたい部分を切り落とし、塩少々(分量外)を入れた熱湯で色よくゆで、ザルに上げて冷まし、水気を絞る。
2　保存容器に1を並べて入れ、だし汁と薄口しょうゆを加えて味をなじませる。☞前日に作りおき
3　汁気を絞って3cm長さに切り、ボウルに入れ、塩、オリーブオイルを加えてあえる。

61 いなりずし弁当

行楽

油揚げはほんのり甘め、すしめしには甘酢れんこんとゆずの皮を入れて
食感と香りをプラス。口直しの甘酢しょうがも、せっかくなので手作りします。
揚げものとあえもの、季節のフルーツを添えれば、行楽弁当の完成です。

MENU ☞
いなりずし
甘酢しょうが
ししゃもの香り揚げ＆
　ブロッコリー揚げ
せりとかまぼこの
　だしじょうゆあえ
２色のぶどう（巨峰、マスカット）

いなりずし

材料／5〜6人分
油揚げ　10枚
だし汁　2カップ
三温糖　½カップ
しょうゆ　大さじ4
甘酢れんこん
　れんこん　80g
　だし汁　大さじ2
　酒、酢　各小さじ1
　砂糖　小さじ1
　塩　少々
米　3合
合わせ酢
　酢　大さじ5
　砂糖　大さじ2
　塩　小さじ⅔
ゆずの皮のすりおろし　1個分
白炒りごま　大さじ3

1　油揚げは1枚ずつまな板の上におき、上から箸を転がし、半分に切って袋状に開く。ザルに並べ、熱湯をかけて油抜きをし、水気をしっかりときる。
2　鍋にだし汁、三温糖、しょうゆを合わせ、**1**を真ん中をあけてドーナツ状に並べて火にかける。煮立ったら弱火にし、落としぶたをし、ときどき煮汁を全体に回しかけながら、煮汁が少なくなるまで煮つめる。火を止めてそのまま冷ます。☞前日に 仕込む
3　甘酢れんこんを作る。れんこんは皮をむいて5〜6mm厚さに切り、水にさらす。鍋にだし汁、酒、酢、砂糖、塩を入れて煮立て、れんこんを入れて1分ほどゆで、粗みじん切りにして煮汁ごと冷ます。☞前日に 仕込む
4　米は洗ってザルに上げ、水540㎖（米と同量の水）を加えて炊く。飯台に移し、合わせ酢の材料を混ぜ合わせて回し入れ、切るようにして混ぜて冷ます。汁気をきった甘酢れんこん、ゆずの皮、ごまを加えてさっくりと混ぜ合わせる。
5　**2**の油揚げの汁気を両手のひらではさんで絞り、**4**のすしめしを適量ずつ軽くにぎって詰め、油揚げの口を折りたたむ。

甘酢しょうが

材料／作りやすい分量
新しょうが　150g　　**甘酢**
塩　小さじ⅓　　　　酢　大さじ4
　　　　　　　　　　水　大さじ2
　　　　　　　　　　砂糖　大さじ3
　　　　　　　　　　塩　小さじ⅓

1　しょうがは皮をスプーンなどでこそげ、スライサーで薄切りにする。酢少々（分量外）を加えた熱湯でさっとゆで、ザルに上げて水気をきる。
2　**1**をボウルに入れ、塩をもみこみ、水気を絞って保存容器に入れる。
3　鍋に甘酢の材料を入れて一煮立ちさせ、冷めたら**2**に加えて漬ける。☞前日に 作りおき

ししゃもの香り揚げ＆ブロッコリー揚げ

材料／5〜6人分
ししゃも　12尾　　　　**衣**
レモンの搾り汁　大さじ1　小麦粉、炭酸水　各大さじ3
塩　少々　　　　　　　粉山椒　小さじ1
小麦粉　適量　　　　　塩　1つまみ
ブロッコリー　適量　　揚げ油　適量

1　ししゃもはレモンの搾り汁と塩をふり、小麦粉をまぶす。ブロッコリーは小房に分け、小麦粉をまぶす。
2　ボウルに衣の材料を入れて混ぜ合わせる。
3　揚げ油を180℃に熱し、ブロッコリーを衣にくぐらせて入れ、色づくまで揚げる。続いて、ししゃもを衣にくぐらせて入れ、色づくまで揚げて中まで火を通す。

せりとかまぼこのだしじょうゆあえ

材料／5〜6人分
せり　2束　　　　　　**だしじょうゆ**
だし汁　½カップ　　　だし汁　¼カップ
薄口しょうゆ　少々　　しょうゆ　小さじ½
かまぼこ　3〜4cm　　　薄口しょうゆ　小さじ1
　　　　　　　　　　　おろしわさび　小さじ1

1　せりは塩少々（分量外）を加えた熱湯でゆで、冷水にとって水気を絞る。バットなどに入れ、だし汁と薄口しょうゆを加えて下味をつける。
2　かまぼこは薄い短冊切りにする。
3　**1**を3〜4cm長さに切って汁気を絞り、**2**とともにボウルに入れ、だしじょうゆの材料を混ぜ合わせて加え、あえる。
4　汁気をきってお弁当箱に詰める。

行楽

太巻きずし弁当

手づかみで食べられる太巻きずしが主役。子どもの頃から慣れ親しんできた母の味、地元・新潟ならではのクルミの甘辛煮が入ったレシピです。
サラダ感覚でもりもり食べられる和風のピクルス、季節のフルーツを添えて。

MENU ☞
太巻きずし
根菜の和風ピクルス
柿

太巻きずし

材料／6〜7人分

かんぴょうの甘煮
　かんぴょう　30g
　だし汁　2カップ
　砂糖、みりん、しょうゆ
　　各大さじ2
しいたけの甘煮
　干ししいたけ　4枚
　しいたけの戻し汁　1½カップ
　砂糖、みりん、しょうゆ
　　各大さじ2
クルミの甘辛煮
　クルミ　40g
　酒、砂糖、みりん、しょうゆ
　　各大さじ1
三つ葉　1束

米　3合
合わせ酢
　酢　大さじ5
　砂糖　大さじ2
　塩　小さじ⅔
きゅうり　½本
塩　少々
卵焼き
　卵　3個
　酒　大さじ1
　砂糖　大さじ1
　塩　小さじ⅓
サラダ油　適量
桜でんぶ　適量
焼きのり　3〜4枚

1　かんぴょうの甘煮を作る。かんぴょうはたっぷりの水に30分ほどつけて戻し、水気をきり、塩適量（分量外）をまぶしてもみ、しんなりさせる。たっぷりの水とともに鍋に入れて10分ほどゆで、ザルに上げて冷ます。のりの長さに合わせて切る。
2　鍋にだし汁、砂糖、みりん、しょうゆを入れて煮立て、1の水気をしっかりと絞って加え、落としぶたをして弱火で30〜40分煮る。☞前日に仕込む
3　しいたけの甘煮を作る。干ししいたけは水2カップにつけて戻し、水気を絞って軸を落とし、薄切りにする。鍋にしいたけの戻し汁、砂糖、みりん、しょうゆを入れて煮立て、しいたけを加え、落としぶたをして弱火で30〜40分煮る。煮汁ごと冷ます。
☞前日に仕込む
4　クルミの甘辛煮を作る。クルミはフライパンでから炒りする。鍋に酒、砂糖、みりん、しょうゆを入れて煮立て、クルミを加え、汁気がなくなるまでからめる。バットに広げて冷ます。☞前日に仕込む
5　三つ葉は長いまま熱湯でさっとゆで、ザルに上げて冷まし、水気を絞る。☞前日に仕込む
6　米は洗ってザルに上げ、水540mℓ（米と同量の水）を加えて炊く。飯台に移し、合わせ酢の材料を混ぜ合わせて回し入れ、切るようにして混ぜて冷ます。
7　きゅうりは縦8等分の棒状に切り、種の部分をスプーンなどで取り除き、軽く塩をふる。
8　卵焼きを作る。卵はボウルに割りほぐし、酒、砂糖、塩を加えて混ぜる。卵焼き器を熱してサラダ油少々をなじませ、卵液を薄めに流し入れ、半熟くらいにかたまってきたら奥から手前に巻き込む。
9　8の卵を奥に寄せ、卵焼き器の空いたところにサラダ油をぬり、卵液を薄めに流し入れる。奥の卵焼きを持ち上げて下にも卵液を流す。半熟くらいにかたまってきたら奥の卵焼きを芯にして手前に巻き込む。同様にして全部の卵液を流して焼き上げる。冷めたら棒状に切る。
10　巻きすの上にのりを縦長におき、6のすし飯250〜300gを軽くまとめてのせ、向こう側2〜3cm残して広げ、向こう側に小さな山を作る。
11　すし飯の中央に桜でんぶを敷き、2、3、4、5、7、9をのせる。手前から巻いていき、しっかりと押さえて形を整える。のりとのりの合わせが下にくるように巻く。
12　軽く絞ったぬれ布巾で包丁を拭きながら、一切れずつに切り分ける。

根菜の和風ピクルス

材料／作りやすい分量

れんこん　小1節
ラディッシュ　1束
きゅうり　2本
かぶ　3〜4個

ピクルス液
　だし汁　½カップ
　塩　大さじ1
　砂糖　小さじ1
　酢　¼カップ
　しょうゆ　少々
　赤唐辛子　1〜2本

1　れんこんは皮をむいて7mm厚さの半月切りにする。大きいものはいちょう切りにする。熱湯でさっとゆで、水気をきる。
2　ラディッシュは半分に切り、きゅうりは小さめの乱切りにする。かぶは皮をむかずに8等分のくし形に切る。
3　鍋にピクルス液の材料を入れて一煮立ちさせる。
4　1と2をボウルなどに入れ、3を熱いうちに加える。粗熱が取れたら保存容器に移して味をなじませる。☞前日に作りおき
5　汁気をきってお弁当箱に詰める。

行楽

中華ちまき弁当

三角に包んだ笹の中は、焼き豚、干し貝柱、干しえびなどが入ったもちもちの中華おこわ。もち米と具をごま油で炒めてから笹に包むのがポイントです。おかずも、香菜、紹興酒、花椒（ホワジャオ）などを使って中華風の味わいに！

MENU ☞
中華ちまき
卵の紹興酒しょうゆ漬け
えび春巻き
きゅうりの中華風マリネ

タコ糸をはずし、笹を広げて食べる。箸で食べてもいいし、そのまま手づかみでも。

中華ちまき

材料／約20個分

もち米　3合
干ししいたけ　2枚
しいたけの戻し汁　½カップ
干し貝柱　2個
干しえび　小さじ2
たけのこ水煮　60g
ごま油　大さじ3
長ねぎのみじん切り　⅔本分
焼き豚　100g
しょうゆ　大さじ2½
砂糖　大さじ1½
酒　大さじ2
塩　小さじ1

1　干ししいたけは水½〜1カップにつけて戻し、5mm角に切る。戻し汁½カップもとっておく。干し貝柱は水適量(分量外)につけて戻し、ほぐす。干しえびはぬるま湯で戻す。たけのこは5mm角に切る。
2　もち米は洗って1時間ほど水適量(分量外)につけ、ザルに上げる。
3　フライパンにごま油大さじ2を熱し、戻し汁以外の1と長ねぎを入れてざっと炒め、バットに取り出す。
4　3のフライパンにごま油大さじ1を足してもち米を炒め、しょうゆを加えてなじませ、3を戻し入れる。砂糖、酒、塩、しいたけの戻し汁を加えて汁気がなくなるまで炒め煮にする。☞前日に仕込む
5　焼き豚は1cm角に切る。
6　笹の葉を葉先を手前にしてくるりと巻いてポケットを作り、4をポケットの半分くらいまで入れたら焼き豚適量を入れ、さらに上から4を入れてスプーンでギュッと押し込むようにする。三角に折りたたみながら巻く。
7　タコ糸を輪にしておいて、三角の端にくくり、ぐるりと巻いて輪に通してから、一度結ぶ。4〜5個をひとつなぎにしておく。
8　蒸し器に7を入れ、蒸気の上がった状態で20〜30分蒸す。

卵の紹興酒しょうゆ漬け

材料／5〜6人分

卵　4個
漬け汁
　しょうゆ　½カップ
　紹興酒　¼カップ
　酢　大さじ1

1　卵はゆでて殻をむき、保存容器に入れる。
2　漬け汁の材料を混ぜ合わせて1に注ぎ入れ、ときどき転がして、全体に味をなじませる。☞前日に作りおき
3　汁気をきってお弁当箱に詰める。

えび春巻き

材料／5〜6人分

大正えび(無頭、殻つき)　16尾
えびの下味
　塩　小さじ⅓
　こしょう　少々
　ごま油　大さじ1
春巻きの皮　8枚
香菜　2株
水溶き小麦粉　適量
揚げ油　適量

1　えびは尾を残して殻をむき、背中に切り目を入れて背ワタを取る。塩、酒、片栗粉各少々(分量外)をまぶしてよくもみ、流水で洗って水気を拭き取る。
2　1のえびを包丁で軽くたたき、塩、こしょうをふり、ごま油をまぶす。
3　春巻きの皮は半分に切り、香菜は1cm長さに切る。
4　春巻きの皮にえびと香菜をのせ、えびの頭の方を春巻きの皮で包み、尾が見えるようにそのまま巻き、巻き終わりを水溶き小麦粉で留める。
5　180℃の揚げ油できつね色にカラリと揚げる。

きゅうりの中華風マリネ

材料／5〜6人分

きゅうり　4本
漬け汁
　しょうが　1かけ
　赤唐辛子　1本
　花椒　小さじ1
　ごま油　大さじ1
　酢　½カップ
　水　½カップ
　砂糖　30g
　塩　小さじ2

1　きゅうりは縞目に皮をむいて食べやすい長さに切り、塩少々(分量外)をふり、水気を軽く絞ってボウルに入れる。
2　漬け汁のしょうがはせん切りにし、赤唐辛子は種を除き、花椒はつぶす。
3　鍋にごま油を熱して2を炒め、香りが出たら火を止め、漬け汁の残りの材料を加えて混ぜる。熱いうちに1にかける。
4　粗熱が取れたら保存容器に漬け汁ごと移し、味をなじませる。☞前日に作りおき
5　汁気をきってお弁当箱に詰める。

行楽

タコス弁当

手作りのトルティーヤに、チリコンカルネ、サルサソース、ワカモーレ、さらにトッピングいろいろ。それぞれ別の容器に入れて持っていき、お昼になったらテーブルへ。好きな組み合わせで食べるのが楽しい！

MENU ☞
タコス
　チリコンカルネ
　トルティーヤ
　サルサソース
　ワカモーレ
　サワークリーム＆チーズ
　レタスのせん切り、香菜＆カットライム

タコス

材料／4〜5人分

チリコンカルネ(作りやすい分量)
- 牛ひき肉 300g
- にんにくのみじん切り 1かけ分
- 玉ねぎのみじん切り 1個分
- キドニービーンズ(缶詰) 250g
- サラダ油 大さじ1
- チリパウダー 小さじ1
- カイエンヌペッパー 小さじ1/3
- クミンパウダー 小さじ1
- 黒こしょう 少々
- 塩 小さじ1
- トマトピューレ 150mℓ

トルティーヤ(10枚分)
- コーンフラワー 100g
- 強力粉 100g
- 塩 小さじ2/3
- サラダ油 大さじ4

サルサソース
- 玉ねぎ 1/4個
- トマト 1個
- にんにく 1かけ
- 香菜 1束
- ライムの搾り汁 1/2個分
- オリーブオイル 大さじ2
- 塩 小さじ1/2
- タバスコ 少々

ワカモーレ
- アボカド 2個
- にんにくのすりおろし 1かけ分
- 香菜のみじん切り 1束分
- ライムの搾り汁 1/2個分
- ハラペーニョの酢漬け 大さじ1
- 塩 小さじ2/3
- オリーブオイル 大さじ2

- サワークリーム 適量
- チェダーチーズの細切り 適量
- レタス、香菜、ライム 各適量

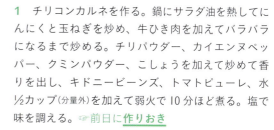

1　チリコンカルネを作る。鍋にサラダ油を熱してにんにくと玉ねぎを炒め、牛ひき肉を加えてバラバラになるまで炒める。チリパウダー、カイエンヌペッパー、クミンパウダー、こしょうを加えて炒めて香りを出し、キドニービーンズ、トマトピューレ、水1/2カップ(分量外)を加えて弱火で10分ほど煮る。塩で味を調える。☞前日に**作りおき**

2　トルティーヤを作る。ボウルにコーンフラワー、強力粉、塩を入れ、サラダ油を加えて粉になじませるように混ぜる。水80〜100mℓ(分量外)を少しずつ加えてひとつにまとまるまで練る。

3　2の生地を細長くのばして10等分にし、それぞれ直径15〜20cmに丸くのばす。油をひかないフライパンで両面を焼く。

4　サルサソースを作る。玉ねぎ、トマトは5mm角に切り、にんにく、香菜はみじん切りにする。ボウルに入れ、ライムの搾り汁、オリーブオイル、塩、タバスコを加えて混ぜる。

5　ワカモーレを作る。アボカドは縦半分に切って種と皮を除き、ざっくりと切り分ける。ボウルににんにく、香菜、ライムの搾り汁を入れて混ぜ、アボカドを加えてつぶしながら混ぜ、ハラペーニョ、塩、オリーブオイルを加えてさらに混ぜる。

6　レタスはせん切りにし、香菜は1cm幅に切る。ライムは手で搾りやすいように切り分ける。

7　1、3〜6をそれぞれ容器に詰め、サワークリーム、チェダーチーズもそれぞれ容器に詰める。

トルティーヤにチリコンカルネと好きな具をのせてはさみ、ライムをギュッと絞って食べるのがおすすめ。

行楽

カツサンド & フルーツサンド弁当

リクエストの多いふたつのサンドイッチを箱に詰めた、欲張り弁当。
フルーツサンドは、水気が出にくい桃缶やサワークリームを使ったお弁当仕様。
ピクルスは作って1〜2週間たってもおいしいので、時間のあるときに作りおきを。

MENU
カツサンド
フルーツサンド
ミックスピクルス

カツサンド

材料／4人分
豚ロース肉(トンカツ用)　3～4枚
塩、こしょう　各適量
小麦粉、溶き卵、パン粉
　各適量
揚げ油　適量
キャベツ　大2枚
食パン(6枚切り)　6～8枚
辛子バター(作りやすい分量)
　バター(室温に戻したもの)　40g
　練り辛子　小さじ1
ソース
　中濃ソース　大さじ3
　トマトケチャップ　大さじ1
　練り辛子　小さじ1

1　豚肉は塩、こしょうをふり、小麦粉、溶き卵、パン粉の順に衣をつける。☞前日に仕込む
2　揚げ油を170℃に熱して**1**を入れ、きつね色になるまでゆっくりと揚げて中まで火を通し、最後に強火にしてカラリと仕上げる。
3　キャベツはごく細く切り、水にさらし、水気をしっかりときる。
4　食パンは耳を切り落とし、トースターで焼く。辛子バター、ソースの材料はそれぞれ混ぜ合わせる。
5　食パンを2枚1組にして辛子バターをぬり、**3**をたっぷりとのせ、**2**をのせてソースをかけてはさむ。上から少し押して落ち着かせ、食べやすい大きさに切り分ける。

フルーツサンド

材料／4人分
黄桃(缶詰)　3切れ
生クリーム　100ml
グラニュー糖　大さじ2
キルシュ酒　小さじ1
サワークリーム　50g
食パン(サンドイッチ用)　4枚

1　黄桃はペーパータオルの上において水気をきり、6～7mm厚さに切る。
2　ボウルに生クリームを入れて底を氷水に当て、グラニュー糖とキルシュ酒を加えて泡立てる。とろりとしたらサワークリームを加え、角が立つまでさらに泡立てる。
3　食パンを2枚1組にして**2**をぬり、**1**を並べ、上からも**2**をぬり、しっかりと黄桃がかくれるようにし、はさむ。手で押さえ、ラップで包み、冷蔵庫で30分ほどおく。
4　食べやすい大きさに切り分ける。

ミックスピクルス

材料／作りやすい分量
きゅうり　2本
セロリ　1本
パプリカ(赤)　1個
塩　小さじ2
ピクルス液
　水　1カップ
　酢　½カップ
　塩　小さじ2
　砂糖　大さじ2
　クミンシード　小さじ1
　マスタードシード　大さじ1
　黒粒こしょう　小さじ2

1　きゅうりは縦半分に切ってから斜め5～6mm厚さに切る。セロリは斜め薄切りにし、パプリカは縦半分に切ってから5～6mm幅に切る。ボウルに入れ、塩をまぶし、水気が出たら軽く絞る。
2　鍋にピクルス液の材料を入れて一煮立ちさせる。
3　**1**をボウルなどに入れ、**2**を熱いうちに加える。粗熱が取れたら保存容器に入れて味をなじませる。
☞前日に作りおき

行楽

ロールパンサンド弁当

どれから食べるか迷ってしまいそうな、みんなの好きなミックスサンドイッチ。
ここでは、切り分ける手間のないロールパンで、4種のフィリングをはさみます。
大きな紙箱にワックスペーパーを敷いて詰めると、華やかに見えます。

MENU ☞
卵サラダサンド
カレー風味ツナサンド
ハムカツサンド
カマンベール & りんごサンド

卵サラダサンド

材料／3人分
卵サラダ(作りやすい分量)
　卵　2個
　きゅうりのピクルス　4本
　マヨネーズ　大さじ3
　塩、こしょう　各少々
貝割れ菜　適量
ロールパン　3個
辛子バター(作りやすい分量)
　バター(室温に戻したもの)　40g
　練り辛子　小さじ1

1　卵サラダを作る。卵はゆでて殻をむき、みじん切りにする。ピクルスもみじん切りにする。
2　ボウルに1を入れ、マヨネーズ、塩、こしょうを加えて混ぜる。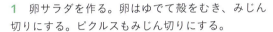前日に作りおき
3　辛子バターの材料は混ぜ合わせる。貝割れ菜は短く切る。
4　ロールパンに縦に切り込みを入れ、辛子バターをぬり、2をはさんで貝割れ菜を添える。

ハムカツサンド

材料／3人分
ハム　3枚
小麦粉、溶き卵、パン粉　各適量
揚げ油　適量
キャベツ　小2枚分
ロールパン　3個
辛子バター(作りやすい分量)
　バター(室温に戻したもの)　40g
　練り辛子　小さじ1
ウスターソース　適量

1　ハムは小麦粉をまぶしつけ、溶き卵、パン粉の順に衣をつけ、180℃の揚げ油できつね色にカリッと揚げる。
2　キャベツはせん切りにして水にさらし、水気をしっかりと拭く。
3　辛子バターの材料は混ぜ合わせる。
4　ロールパンに縦に切り込みを入れ、辛子バターをぬり、キャベツを敷いて1をはさむ。ウスターソースを別容器に入れて添える。

カレー風味ツナサンド

材料／3人分
カレー風味ツナ(作りやすい分量)
　ツナ缶　小1缶
　玉ねぎ　1/4個
　マヨネーズ　大さじ5
　カレー粉　小さじ2/3
　塩、こしょう　各少々
ロールパン　3個
サラダ菜　3枚
辛子バター(作りやすい分量)
　バター(室温に戻したもの)　40g
　練り辛子　小さじ1
パセリ　適量

1　カレー風味ツナを作る。ツナは軽く油をきってほぐす。玉ねぎはみじん切りにして水にさらし、水気をきる。
2　ボウルに1を入れ、マヨネーズ、カレー粉、塩、こしょうを加えて混ぜる。前日に作りおき
3　辛子バターの材料は混ぜ合わせる。
4　ロールパンに縦に切り込みを入れ、辛子バターをぬり、サラダ菜と2をはさみ、カレー粉、黒こしょう各少々(各分量外)をふる。パセリを添える。

カマンベール＆りんごサンド

材料／3人分
カマンベールチーズ　60g
りんご　小1個
クルミ　大さじ1
はちみつバター
　バター(室温に戻したもの)　大さじ2
　はちみつ　大さじ1
ロールパン　3個

1　チーズは食べやすい大きさの薄切りにし、りんごは芯と種を取ってごく薄切りにする。クルミはフライパンでから炒りし、粗く切る。
2　はちみつバターの材料は混ぜ合わせる。
3　ロールパンに縦に切り込みを入れ、はちみつバターをぬり、1をはさむ。

INDEX

...... **肉のおかず**

■牛肉
　牛しぐれ煮丼　42
　牛肉のくるくる　44
　焼き肉おむすび＋えごまの葉、サニーレタス　46
　牛肉のスパイス焼き　48
　牛肉ピーマン炒めの焼きそば　88

■鶏肉
　鶏肉のレモンから揚げ　14
　鶏ささ身の青のりソース揚げ　16
　きじ焼きそぼろ丼　18
　鶏肉のきじ焼き　18
　焼き鳥重　20
　ねぎま焼き　20
　鶏塩焼き　20
　チキン南蛮ご飯　22
　チキンカツ＆ポテトフライ　24
　チキンオムライス　26
　タンドリーチキン　28
　和風カポナータ　82
　ゆで鶏ときゅうりのサラダ　86
　バンバンジー麺　90
　鶏のから揚げ　108

■豚肉
　豚肉のみそ漬け焼き＆みょうがのみそ漬け　30
　ポークベーコン巻き　32
　豚肉と根菜のみそ炒め　34
　肉天　36
　ソースヒレカツ丼　38
　ルーローハン　40

■ひき肉
　鶏そぼろ　18
　鶏つくねご飯　50
　ひき肉みそ炒め　52
　ハンバーグ　54
　スコッチエッグ　56
　ドライカレー＆ナッツご飯　58
　ガパオライス　60
　肉団子の甘酢あん　62
　シュウマイ＆蒸し白菜　64
　ビビンバ　66
　牛そぼろ　66
　ジャージャー麺　92
　ミートパイ　102
　チリコンカルネ　116

■ソーセージ
　ザワークラウトホットドッグ　98

...... **魚介のおかず**

■鮭
　鮭のりご飯　68
　鮭の南蛮漬け　70

■オイルサーディン
　オイルサーディンの蒲焼き丼＆ゆで卵　72

■えび
　えび卵丼　74
　えびカツ＆スナップえんどうフライ　76
　えび春巻き　114

■たら
　フィッシュ＆チップス　78

■ツナ
　ニース風サラダ　84

■ししゃも
　ししゃもの香り揚げ＆ブロッコリー揚げ　110

■練りもの
　ちくわのきゅうり詰め　52
　ちくわの磯辺揚げ　68
　かまぼことセロリのサラダ　74
　せりとかまぼこのだしじょうゆあえ　110

...... **卵のおかず**
　ウスター卵　14
　甘い卵焼き　16
　卵そぼろ　18

うずら卵焼き　20
しらすねぎ卵焼き　44
スコッチエッグ　56
きくらげと卵炒め　62
オイルサーディンの蒲焼き丼＆ゆで卵　72
えび卵丼　74
卵サラダ　76
ニース風サラダ　84
じゃがいもと玉ねぎのスペイン風オムレツ　96
ねぎ入り厚焼き卵　108
卵の紹興酒しょうゆ漬け　114

...... 野菜のおかず

■アスパラガス
野菜天　36
■かぶ
かぶのたらこあえ　16
りんごとかぶのサラダ　96
根菜の和風ピクルス　112
■かぼちゃ
野菜天　36
レンジ蒸しかぼちゃ　42
かぼちゃのごまマヨサラダ　70
和風カポナータ　82
■キャベツ・紫キャベツ
コールスロー　14
キャベツのゆかり昆布あえ　50
紫キャベツのサラダ　80
■きゅうり
生野菜のサラダ　24
きゅうりのしょうが漬け　38
ちくわのきゅうり詰め　52
きゅうりのディルサラダ　78
きゅうりのごま酢あえ　82
ゆで鶏ときゅうりのサラダ　86
根菜の和風ピクルス　112
きゅうりの中華風マリネ　114
ミックスピクルス　118

■ごぼう
ごぼうの塩きんぴら　68
■さつまいも
さつまいものレモン煮　72
■サニーレタス
サニーレタス＆トマト　80
■さやいんげん
さやいんげんのサラダ　26
さやいんげんのマスタードヨーグルトサラダ　80
ニース風サラダ　84
■ししとう
ししとう焼き　20
■じゃがいも
チキンカツ＆ポテトフライ　24
シャキシャキじゃがいもの梅しらすあえ　52
シンプルポテトサラダ　54
フィッシュ＆チップス　78
じゃがいものシンプルサラダ　80
じゃがいもと玉ねぎのスペイン風オムレツ　96
■春菊
春菊のナムル　66
春菊のごまあえ　68
■しょうが
甘酢しょうが　110
■スナップえんどう
スナップえんどう＆トマト　58
えびカツ＆スナップえんどうフライ　76
■せり
せりとかまぼこのだしじょうゆあえ　110
■セロリ
生野菜のサラダ　24
セロリとザーサイのサラダ　62
かまぼことセロリのサラダ　74
ミックスピクルス　118
■大根・紅芯大根
紅芯大根のマリネ　20
豚肉と根菜のみそ炒め　34
大根のレモンサラダ　36

123

エスニックなます　60
　大根の梅酢あえ　70
　大根の中国風ピクルス　88
■玉ねぎ・紫玉ねぎ
　ピーマンと紫玉ねぎのマリネ　48
　じゃがいもと玉ねぎのスペイン風オムレツ　96
■トマト・ミニトマト
　せん切りレタス＆トマト　22
　生野菜のサラダ　24
　ミニトマトのマリネ　28
　ミニトマトのナムル　46
　スナップえんどう＆トマト　58
　サニーレタス＆トマト　80
　和風カポナータ　82
　トマトの黒酢あえ　90
■長ねぎ
　ねぎま焼き　20
■なす
　ピーマンなす炒め　30
　ひき肉みそ炒め　52
　和風カポナータ　82
■菜の花
　菜の花のだしオイルあえ　108
■にんじん
　キャロットラペ　56
　エスニックなます　60
　ピーラーにんじんの中華風サラダ　64
　にんじんのナムル　66
■白菜
　ラーパーツァイ　40
　シュウマイ＆蒸し白菜　64
■パプリカ
　ミックスピクルス　118
■ピーマン
　生野菜のサラダ　24
　ピーマンなす炒め　30
　ピーマンと紫玉ねぎのマリネ　48
　和風カポナータ　82

■ブロッコリー
　ブロッコリーのナムル　46
　ゆでブロッコリー　88
　ししゃもの香り揚げ＆ブロッコリー揚げ　110
■ほうれん草
　ほうれん草のごまあえ　44
　ほうれん草とカリカリベーコンのサラダ　102
■みょうが
　豚肉のみそ漬け焼き＆みょうがのみそ漬け　30
■もやし
　豆もやしのナムル　66
■ラディッシュ
　根菜の和風ピクルス　112
■レタス
　せん切りレタス＆トマト　22
　生野菜のサラダ　24
■れんこん
　豚肉と根菜のみそ炒め　34
　れんこんのきんぴら　50
　れんこんのレモンサラダ　94
　根菜の和風ピクルス　112

...... きのこ・豆のおかず
■きのこ
　きくらげと卵炒め　62
　きのこのマリネ　74
■豆
　豆のサラダ　80
　チリコンカルネ　116

...... 果物のおかず
りんごとかぶのサラダ　96
ワカモーレ　116

...... スープ
　かぼちゃのポタージュ　98
　じゃがいものポタージュ　100

ご飯もの

- きじ焼きそぼろ丼　18
- 焼き鳥重　20
- チキン南蛮ご飯　22
- ハムライス　24
- チキンオムライス　26
- ナッツレーズンご飯　28
- パセリご飯　32
- 菜めし　36
- ソースヒレカツ丼　38
- ルーローハン　40
- 牛しぐれ煮丼　42
- 焼き肉おむすび＋えごまの葉、サニーレタス　46
- とうもろこしご飯　48
- 鶏つくねご飯　50
- 枝豆ご飯　52
- インディアンピラフ　56
- ドライカレー＆ナッツご飯　58
- ガパオライス　60
- ねぎ卵チャーハン　64
- ビビンバ　66
- 鮭のりご飯　68
- オイルサーディンの蒲焼き丼＆ゆで卵　72
- えび卵丼　74
- 塩むすび　82・108
- ニース風サラダ　84
- 漬けものむすび　108
- 梅のりむすび　108
- いなりずし　110
- 太巻きずし　112
- 中華ちまき　114

パスタ・麺もの

■パスタ
- マカロニサラダ　32
- 簡単ナポリタン＋生野菜　54
- 和風きのこパスタ　94
- トマトソースペンネ　96

■ビーフン・中華麺
- 焼きビーフン　86
- 牛肉ピーマン炒めの焼きそば　88
- バンバンジー麺　90
- ジャージャー麺　92

パン・パイ・粉もの

■パン
- ザワークラウトホットドッグ　98
- にんじんサンドイッチ　100
- きゅうりサンドイッチ　100
- カツサンド　118
- フルーツサンド　118
- 卵サラダサンド　120
- カレー風味ツナサンド　120
- ハムカツサンド　120
- カマンベール＆りんごサンド　120

■パイ
- ミートパイ　102

■粉もの
- タコス　116
- トルティーヤ　116

甘味

- 大学いも　30・107
- フルーツポンチ　32・105
- みかんのコンポート　66・104
- 牛乳かん　74・106
- キウイのせ牛乳かん　86

作りおき INDEX

肉のおかず

 鶏そぼろ 18
 豚の角煮 40
 牛しぐれ煮 42
 ドライカレー 58
 牛そぼろ 66
 ゆで鶏ときゅうりのサラダ 86
 ゆで鶏 90
 チリコンカルネ 116

魚介のおかず

かまぼことセロリのサラダ 74
カレー風味ツナ 120

卵のおかず

 ウスター卵 14
 卵そぼろ 18
 ゆで卵 84・92
 卵サラダ 76
 じゃがいもと玉ねぎのスペイン風オムレツ 56・58・72・96
 卵の紹興酒しょうゆ漬け 114
 卵のタルタルサラダ 120

野菜のおかず

 コールスロー 14
 かぶのたらこあえ 16
 紅芯大根のマリネ 20
 せん切りレタス 22

 生野菜のサラダ 24
 ミニトマトのマリネ 28
大根のレモンサラダ 36
きゅうりのしょうが漬け 38
ラーパーツァイ 40
 にんじんのきんぴら 44
 ミニトマトのナムル 46
 ブロッコリーのナムル 46
ピーマンと紫玉ねぎのマリネ 48
 れんこんのきんぴら 50
 キャベツのゆかり昆布あえ 50
 シャキシャキじゃがいもの梅しらすあえ 52

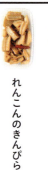 シンプルポテトサラダ 54
 キャロットラペ 56・100
 エスニックなます 60
 セロリとザーサイのサラダ 62
 ピーラーにんじんの中華風サラダ 64
 豆もやしのナムル 66
 春菊のナムル 66
 にんじんのナムル 66
 ごぼうの塩きんぴら 68
かぼちゃのごまマヨサラダ 70
大根の梅酢あえ 70
せん切り香味野菜 72

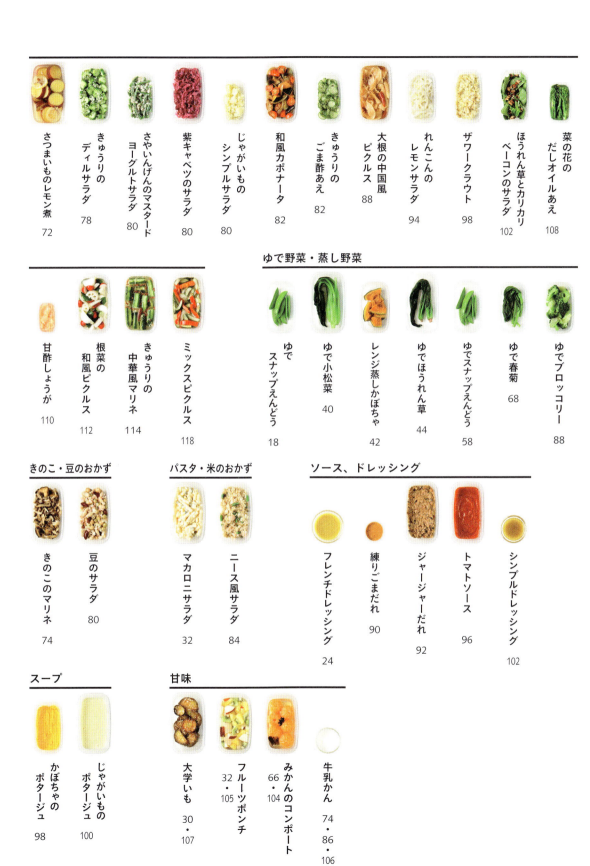

さつまいものレモン煮 72
きゅうりのディルサラダ 78
さやいんげんのマスタードヨーグルトサラダ 80
紫キャベツのサラダ 80
じゃがいものシンプルサラダ 80
和風カポナータ 82
きゅうりのごま酢あえ 82
大根の中国風ピクルス 88
れんこんのレモンサラダ 94
ザワークラウト 98
ほうれん草とカリカリベーコンのサラダ 102
菜の花のだしオイルあえ 108

甘酢しょうが 110
根菜の和風ピクルス 112
きゅうりの中華風マリネ 114
ミックスピクルス 118

ゆで野菜・蒸し野菜

ゆでスナップえんどう 18
ゆで小松菜 40
レンジ蒸しかぼちゃ 42
ゆでほうれん草 44
ゆでスナップえんどう 58
ゆで春菊 68
ゆでブロッコリー 88

きのこ・豆のおかず

きのこのマリネ 74
豆のサラダ 80

パスタ・米のおかず

マカロニサラダ 32
ニース風サラダ 84

ソース、ドレッシング

フレンチドレッシング 24
練りごまだれ 90
ジャージャーだれ 92
トマトソース 96
シンプルドレッシング 102

スープ

かぼちゃのポタージュ 98
じゃがいものポタージュ 100

甘味

大学いも 30・107
フルーツポンチ 32・105
みかんのコンポート 66・104
牛乳かん 74・86・106

127

坂田阿希子　SAKATA AKIKO

料理家。フランス菓子店やフランス料理店での経験を重ね、独立。
現在、料理教室「studio SPOON」を主宰し、
国内外を問わず、常に新しいおいしさを模索。
プロの手法を取り入れた家庭料理の数々は、どれも本格的な味わい。
著書に『坂田阿希子の肉料理』『カレーが食べたくなったら』
(ともに文化出版局)、『サンドイッチ教本』『スープ教本』、
『サラダ教本』『洋食教本』『おやつ教本』(すべて東京書籍)など多数。

studio SPOON　http://www.studio-spoon.com/

ブックデザイン	茂木隆行
撮影	広瀬貴子
スタイリング	久保百合子
構成・編集	松原京子
プリンティングディレクター	栗原哲朗(図書印刷)

お弁当教本
2017年2月28日　第1刷発行

著　者　　坂田阿希子
発行者　　千石雅仁
発行所　　東京書籍株式会社
　　　　　東京都北区堀船 2-17-1　〒114-8524
　　　　　電話　03-5390-7531(営業)　03-5390-7508(編集)
印刷・製本　図書印刷株式会社

Copyright ⓒ 2017 by Akiko Sakata
All Rights Reserved.
Printed in Japan
ISBN978-4-487-81039-0 C2077
乱丁・落丁の際はお取り替えさせていただきます。
本書の内容を無断で転載することはかたくお断りいたします。